新築・中古

本当にいいマンションの選び方

福崎 剛
Go Fukusaki

買うべきマンションが見えてくる!

「本当にいいマンション」を選ぶために

本当にいい出会いは、奇跡だと思います。それは、人でも、本でも、マンションでも、あらゆるものが出会うべくして出会っているからです。人は偶然の重なりに運命やときめきを感じる傾向がありますが、マンション選びにおいてもインスピレーションは大切で、希望条件だけでなく、例えば人間味あふれた営業マンに出会って本当にいい物件に巡り合うこともあるのです。

失敗しない選び方をしようとしても、残念ながら失敗を免れないこともあります。以前、マンションを購入したいという友人や知人から相談を受けたときは、物件の概要を聞いて「考え直したほうがいい」と辛口のアドバイスをしたこともたびたびありますが、ほぼ全員が素直に聞き入れてくれませんでした。相談してくれた人たちが期待していたのは、ただただ物件の購入を後押ししてくれる言葉が欲しいだけで、なかには「あのとき、もっと強く引き止めてくれたらこのマンションは買わなかったのに」と怒り出す人もいたほどです。

もともと分譲マンションを購入したことがきっかけで、自分でマンション管理に関心を抱き、マンションのさまざまなトラブルからさかのぼって、区分所有法や建築基準法などを調べたことで現在の住宅政策に疑問を抱くようになり、何冊か著書を出しました。その視点は、常に消費者のひとりとしてのものですし、不動産評論家や不動産ライターではないからこそいえることもあります。実際に、全国のマンションで取材し、講演会などで相談を受けたときは親身に答えてきましたし、私の辛口の意見を理解してくれた人も少なくありません。個人的な経験からいえば、買うことを前提にしている人は、その物件のデメリットを指摘されると思考停止する傾向があります。むしろデメリットを忘れようとするかのようにメリットを強調するのです。そういう場合は、たいてい失敗して、後悔することになります。

　では、どういうマンション選びをすれば失敗しないのでしょうか。ある意味で、本当にいいマンションを選ぶのは簡単です。例えば、竣工から修繕を経て建替えまでのトータルなライフサイクルコストを考えれば、買うべきかどうかの判断はつきやすいでしょう。ただし、それが「自分にとって本当にいいマンション」となると、どういう条件で選ぶかはさまざまになります。資産価値を求めるのか、住み心地を最優先にするのか、または永住できる物件を第一条件に掲げるかで、マンションの選び方は大きく変わります。そうした条件のもとで、よりよいマンションを選ぶためのいろいろなヒントやアドバイスが本書には詰まっています。

　奇跡的にも本書を手に取っていただいた読者の一人ひとりがご自身にとって、本当にいいマンション選びができるように、ぜひ活用していただければ著者として幸いです。

福崎　剛

目次

第1章 新築マンションの選び方
［住み心地優先編］

第2章 新築マンションの選び方
［永住タイプ編］

第3章 優良中古マンションの選び方

第4章 立地・住環境を見極めるには

第5章 住宅ローンと契約について

第6章
資産を守る管理組合

※本書の内容は2015年8月時点での情報に基づいています。

イラスト — 山脇 豊
デザイン — ホッタデザイン　及川 聡子

はじめに――
マンションの購入を考えたら

「マンションが欲しい」と思ったら、
まずは自分がどんな生活を望んでいるのか、
条件をリストアップしてみましょう。
その上でマンション選びを始めれば、
希望の物件がスムーズに見つかるはずです。
あらかじめ、チラシの読み解き方など、
マンション購入に必要な基本情報を理解しておくことも重要です。

1

マンションを買う手順

購入申し込みから契約、ローン審査、引き渡しまで

マンションを購入しようと思ったら、まずは物件情報集めからです。住みたい町や沿線、周辺環境、価格、間取り、マンション全体の規模、設備など、チェックポイントはいろいろ。カタログ、マンション購入本などを参考に、物件を絞り込み、不動産会社を巡って相場を知り、モデルルームや実際の建物を見て、気に入った物件の「購入申し込み」をします。その後「売買契約」を交わしますが、申し込みと契約は同日にしないことが賢明です。マンションは高い買い物ですから、じっくり比較検討する時間を持ちましょう。

また、購入申し込みをしても、実際にマンションに住むまでには住宅ローン審査、入居説明会、内覧会など、さまざまな確認や手続きが必要となります。新築マンションを購入して引き渡しがされるまで、数カ月から1年もかかる場合もあります。特に新築物件では、建物が完成する前から販売をはじめているケースがほとんど。逆に、マンション生活をいつからはじめたいかを考えて、スケジュールを逆算して、物件を探すのもいいでしょう。

マンション購入の基本的な流れ

※新築物件の場合を基本にしているため、
中古物件の場合は若干異なります。

物件情報を集める

モデルルーム・周辺環境をチェック
立地条件の絞り込みと確認をしましょう。

購入申し込み・抽選
※購入申込金の支払いを求められる場合があります。

重要事項説明／売買契約の締結

住宅ローン申し込み
固定金利、変動金利、ローン返済期間を決めます。

融資審査
収入の状況や借入可能額などをチェックします。

入居説明会
※ローン融資が不成立の場合、手付金は返還されます。

内覧会
竣工1、2カ月前に行われます。部屋の仕上がりをチェックします。

銀行との借入契約

残金決済および引き渡し
部屋の微調整や補修を経て、最終確認をします。残金・諸費用の支払い、登記確認を行います。

入居

チェックポイント

- □「購入申し込み」と「契約」は別の日にする（営業マンが急がせないか？）
- □「住宅ローン」が不成立なら、手付金は返還されるか？
- □ 内覧会ではプロの建築士の立ち会いを快く引き受けてくれるか？

※不動産業者によって、用語の使い方が若干異なる場合があります。不安や疑問があれば必ず確認しましょう。

2

新築マンションか？ 中古マンションか？

快適な住環境を確保するためには？

マンション選びのポイントになる、「新築」と「中古」。それぞれのメリットとデメリットをまとめて比較してみましょう。あとは、自分の予算やライフスタイルに合わせてどちらを選ぶのか検討するのがいいでしょう。新築物件は、設備もすべて新しく快適な住環境があります。その反面、価格が高く、またほかの住人の様子がわかりません。「管理組合」（※）の活動や将来の修繕に備えた積立金等の心配な点もあります。

中古物件は、価格が新築時より手頃になっており、リフォームによって自分好みの間取りやインテリアにカスタマイズできるのが魅力です。また住人たちのこともわかり、管理組合の資産状況も知ることができます。デメリットとしては、経年劣化により共用設備の老朽化、使い勝手に問題がある場合も考えられます。また修繕工事が適切に行われているかによっても住環境が左右されます。さらに築40年前後になる物件では建替え問題も浮上してきますし、住人の高齢化で管理組合の活動低下も懸念されます。

※管理組合：分譲マンションにおいて、各戸の区分所有者が建物や附属施設を維持管理するために構成する団体。区分所有者は、管理組合員となります。詳しくは6章へ。

3 マンションの買い時はいつ？

「買い時」より「優良物件かどうか」が重要

マイホームの購入は、ある意味で結婚にも似ていて、「タイミング」が重要といえるでしょう。晩婚化した現在では30歳を過ぎた未婚者は珍しくありませんし、20歳代前半で結婚する人もいれば40歳を過ぎて結婚する人もいます。マンションの購入も同じです。「買い時」の善し悪しは重要ではなく、「優良物件かどうか」を見極めるのが重要なのです。投資目的でない限り、買い時は「買いたいと思った時」となります。

また、住宅ローンを最長の35年で組んだ場合、何歳で完済できるかを考えておく必要があります。あなたがいま30歳なら、ローン完済時は65歳、40歳なら完済時は75歳になります。退職金で一括返済、繰り上げ返済をしていくという方法もありますが、先行きがわからない時代ですから、無理のない返済を考えて予算や購入時期を探るのもポイントです。購入後の管理費や修繕費用も忘れてはいけません。また、途中で買い換えを前提に購入を検討することも考えておきましょう。

4

ライフスタイルにあったマンションを選ぼう

自分好みの住まいを知っておく

マンション選びで自分が何を優先ポイントにしているのか、ここで整理してみましょう。
この本では、新築の住み心地優先型、永住型、中古とそれぞれのカテゴリーに分けて、マンション選びの方法を提案しています。まずは、どのようなタイプのマンションがあるかを左ページで把握しておきましょう。

次に、購入したいマンションのイメージをつかみましょう。自分のライフスタイルに適した物件を選ぶためにも条件を洗い出すことは大切です。16～17ページに、自分に合ったマンションタイプがわかるチャートを用意しましたので、ぜひ試してみてください。新築トレンドタイプ、新築バランスタイプ、新築エコタイプ、中古リノベーションタイプ……等々、ざっくりと6つのタイプに分けていますが、質問に答えていくことで、自分が今求めているマンションの条件やイメージがつかめると思います。

マンションのタイプのいろいろ

新築

⇒ 住み心地優先型

利便性と快適性を最優先にして、立地条件、間取り、価格を考えましょう。永住するつもりでなければ、売却しやすいことも選ぶポイント。次の住居に引っ越すまでと考えて、手厚いサービスや施設・設備のあるタイプを選ぶといいでしょう。

⇒ 永住型

終の棲家としての安全性と利便性のバランスを考えましょう。建物は丈夫でも軟弱地盤や埋め立て地、活断層のリスクは避け、交通や買い物などの利便性のあること。また、ランニングコストのかかる施設や設備がないことも条件です。

中古

まず耐震性を確認しましょう。リノベーションするつもりなら構造のチェックも欠かせません。また、管理組合の修繕積立金が総額いくらあるのか、戸当たりにしていくらになるのかも確認しましょう。さらに管理費等の滞納額と件数がどの程度なのか、それが解決しているのかまでわかれば安心です。住環境や住みやすさを直接居住者に聞いてみるのもいいでしょう。

投資型

賃貸物件にした場合の家賃収入等の利回りによって、投資して最大限のメリットがあることが条件となります。空き部屋になった場合も想定しての家賃設定、居住者の入れ替わりによる設備改修なども計算したうえで選びましょう。

大規模マンション

戸数が多いほど、維持管理・修繕工事費に関してスケールメリットがあります。その反面、管理組合の合意形成が難しいというデメリットも。

小規模マンション

居住者の顔が見える規模で、コミュニティ形成をはかりやすい一方、将来的な大規模修繕工事など費用面では割高になります。

チャートでチェック

自分にあったマンションは?

チャート内の質問に答えていくことで、
自分にあったマンションタイプがわかります。
理想とするマンションを見つけるためにも、ぜひ役立ててください。

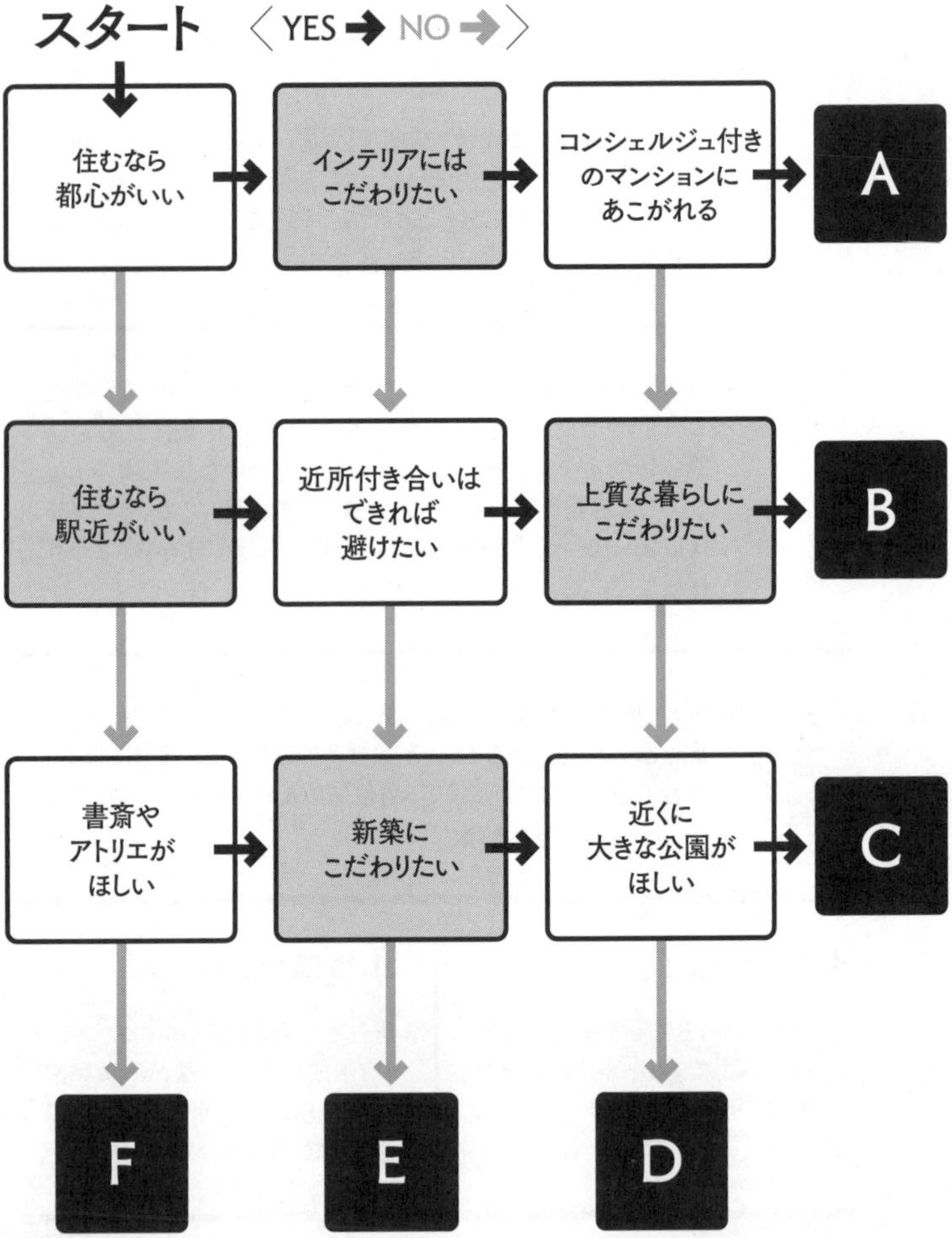

A

新築 トレンド タイプ

デザイナーズマンションやホテル仕様の設備・管理にグレードの高さを求めるタイプ。ファッショナブルで快適さを優先した物件がおすすめ。

[⇨1章へ]

B

新築 バランス タイプ

職住近接で便利で快適な生活を楽しみたいため、立地条件や生活環境などバランスを重視するタイプ。

[⇨1章へ]

C

新築 エコ タイプ

勤務先と家庭を区別して、休みのときには家や近所でくつろぎたいタイプ。また公園などが多く、子育てにも適した緑地の多い郊外型がおすすめ。

[⇨1章へ]

D

新築 永住型 タイプ

終の棲家として、長期間にわたり安全な住環境を最優先する。建物のハード面とともにソフト面の住人同士のコミュニティを大切にしたいタイプ。

[⇨2章へ]

E

中古 リノベーション タイプ

手頃な価格で既存にはない自分好みの住まいに改築したいタイプ。資金があればリフォーム、インテリアにお金をかけたい人向け。

[⇨3章へ]

F

中古 マイホーム志向 タイプ

家そのものにはこだわらないが、賃貸ではなく、とにかくマイホームを持ちたいタイプ。最小限のリフォームで快適に暮らしたい人向け。

[⇨3章へ]

5

物件情報を集めよう

ネットやチラシ、地元の不動産屋まで無料で探せる

マンションの情報集めで一番手っ取り早いのは、インターネットです。パソコンやスマートフォンで、自分の条件を入れて検索するだけで、全国のマンションの中から条件に合う物件を一瞬で絞り込むことができます。大型の新規分譲がある場合には、無料の会員登録をしておくと定期的にメールマガジンなどで、最新情報も提供してくれて便利です。

新聞広告や折り込みチラシは、新聞を購読していれば自動的に入手できます。特に折り込みチラシは、地域を限定して配布していますから、近隣のマンションを探しているときには役に立ちます。ある程度広域の物件情報から比較選択したい場合には、無料の住宅情報誌がいいでしょう。これは雑誌のようなつくりですが、その実チラシ集なので、地域エリア別の物件が掲載されています。また、具体的な街や駅周辺を限定している場合なら、その土地の不動産屋を訪ねてみましょう。長年、その土地で営業している不動産屋では、物件情報のみならず、その街ならではの暮らしやすさがわかる情報まで提供してくれます。

物件情報集めに役立つツール

情報誌

無料で入手できる住宅物件チラシ集。毎週発行されており、広域の物件情報まで入手できます。間取りや設備、価格など多種多様な物件が掲載されているので、マンション選びのときに比較研究する参考になります。

チラシ

新聞の折り込みチラシ、ポスティングのチラシは、地域限定で配布されています。近隣エリアに絞って物件を探すときには役立つ情報源。住宅情報誌に掲載されるよりも情報を早く入手できる場合もあるので、こまめにチェックしておきましょう。

不動産屋

ネットワークの時代とはいえ、地域に密着した不動産屋の情報は有用です。特に希望エリアの立地条件など細かい情報を知ることができるため、周辺のスーパーや飲食店、学校の評判などもわかります。住みやすい街かどうか、活きた情報を知ることができ、また、中古マンションに関する情報にも強いのが地元不動産屋の特徴です。

インターネット

大手不動産会社やマンション販売会社をはじめ、ブランドやマンションによっては独自のサイトを開設するなど、情報提供サービスは手厚くなっています。情報更新のスピードが速いのもネットならではの利点でしょう。条件を入れて検索すると希望のマンションを絞ることもでき、いろいろなシミュレーションを試せるのがネットの魅力の1つです。

6

チラシの読み解き方

読み方のコツを知れば、物件がわかる

不動産の新聞広告やチラシは、立地条件や価格、間取りが大きく扱われますが、物件を読み解くカギは「物件概要」にあります。ここには、マンション名、所在地、交通、地域・地区、建ぺい率、容積率、建築面積、総戸数、販売戸数、販売価格、専有面積、事業主、管理形態、管理費・修繕積立金、修繕積立基金、エレベーターや駐車場数、分譲後の権利形態などが細かく記載されています。新築の場合はまだ建物の完成前なので、この物件概要からどういうマンションなのかを知るしかありません。

例えば、「最寄り駅から徒歩5分」の表記なら、不動産業界では1分80m換算なので、約４００ｍ離れていることがわかります。また、「総戸数」と「販売戸数」が違っている場合は、もともとの地権者がその土地と引き換えに数戸を所有する場合が考えられます。駐車場は「平置き」か「機械式」かによって使い勝手や料金設定が異なり要注意です。物件概要については22〜23ページでその読み解きのコツをまとめておきますので、ぜひ参考にしてください。

チラシはココを見よう!

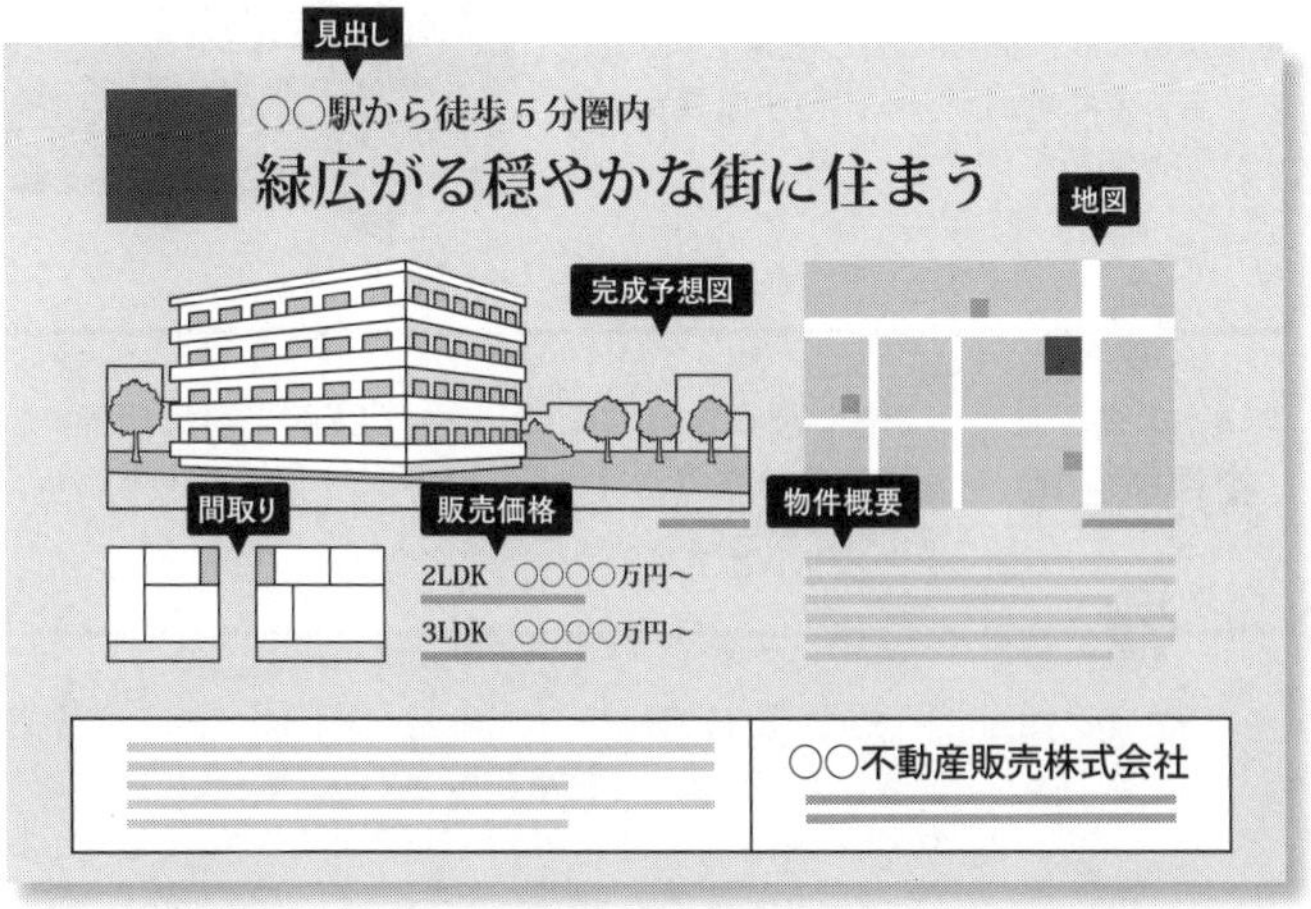

見出し

駅近などのメリットを盛り込んだものもありますが、マンションのイメージだけを強調したものが多いです。

完成予想図

CGなどで加工し、あくまでも見栄え優先でつくられているため、実際の立地環境とは異なるイメージで描かれています。

間取り

間取りと面積が何パターンか書かれています。方位も記してあるため、住戸の向きなども確認できます。

地図

マンション周辺の駅や公共・商業施設などが記されています。実際に現地周辺を探索するときに役立ちます。

販売価格

販売住戸の中の最低ラインの価格を、間取りによって分けて記しているものが多くなっています。

物件概要

小さい文字で書かれている、マンションに関する詳細情報。間取りや価格はもちろん、マンション全体の情報を把握できます。

← 物件概要は22-23ページ参照

＼知っておきたい！／

「物件概要」を読み解くポイント

マンションの広告やチラシには、物件概要が記載されていますが、下記にあげる項目については、しっかり確認しておきましょう。また、不動産の広告には、「予告広告」と「広告」があり、特に予告広告は規制がゆるく、物件概要が未定というものも多くあります。

1 物件名・物件所在地

「物件（マンション）名」と「所在地」が違う場合は、販売するためのイメージ戦略が強すぎる傾向があり、ある意味で所在地に魅力が乏しいといえるでしょう。

2 交通

「○○駅徒歩○分」といった表記があれば、1分＝80mで換算します。子供や年配者の場合であれば、表記された分数よりも2割増しで時間がかかると考えてもいいでしょう。また、途中に坂道があるかもしれませんし、道幅が狭くて歩きにくいルートを最短として表示している場合もあります。実際に自分の足で歩いて確認しましょう。

3 総戸数／販売戸数

マンションの総戸数と販売戸数が異なる場合があります。マンション建設にあたってデベロッパーが地主に等価交換をしたために販売戸数が少なくなっているケースなどです。ただし、問題になりやすいのは、マンション建設にあたって地主だけに駐車場の使用権を優先的につけるなど、ほかの分譲購入者と公平でない特約が交わされている場合などです。こうした特約を巡ってのトラブルが実際起きているので、何かの付帯条件があるかどうかも確認しましょう。

4 専有面積

区分所有者が実際に所有権を持つ部屋の面積です。販売広告の面積表記には壁芯面積（壁の中心線を基準にした広さ）を使い、登記簿では壁、柱の内側から測った床面積の内法面積で記載され、同じ物件でも面積が違う場合があります。また、課税明細書に記載される「現況床面積」は、専有部分の面積のほかに、建物1棟の共用部分の面積を、各区分所有者が所有する専有部分の面積割合によって按分した面積が含まれているため差が生じています。

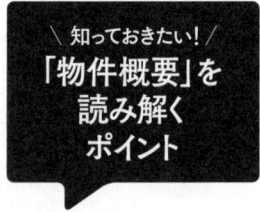

5

管理形態

委託管理会社名とともに、どういう管理形態かが表記されています。例えば、管理員が住み込み、または交代制で24時間常駐している「常駐管理」、管理員が通う「日勤管理」、定期的に巡回する「巡回管理」があります。

6

エレベーター／駐車場

エレベーターや機械式の立体駐車場の台数が多いと利便性はよくなりますが、それ以上にメンテナンス・修理費用など出費がかさみ、結局は住人の負担増となります。とくに駐車場料金が「無料」や周辺相場より低い金額に設定してある物件は、いずれ赤字となりトラブルになりやすいため要注意。

7

分譲後の権利形態

通常、敷地は専有面積割合による所有権の共有、建物の専有部分は区分所有権、共用部分は区分所有者全員の共有となります。ただし、定期借地権付きの場合は、専有面積割合による一般定期借地権（50年地上権）の準共有、建物は区分所有というような表記になっています。

8

管理費／修繕積立金

住宅ローンとは別に、マンションに住む限り払い続けなければならない「管理費」と「修繕積立金」。新築マンションでも、いずれは外壁タイルの貼り替えや屋上の防水、鉄部の塗装など、修繕が必要になります。そんなときに備えて、積み立てておく費用が修繕積立金です。なお、修繕積立金が5,000円以下の物件は、将来積立金不足になるのは必至です。

9

用途地域

用途地域によって住環境は大きく違います。例えば、地域によっては日当たりがゼロでもマンションを建てられます。住宅地域にもいくつか規定をもうけていますが、地域選びによっては、商店や中小の工場、ラブホテルなどがマンションの隣にできることもあります。⇒150〜151ページ参照

10

取引態様

物件概要には、取引態様について記載があります。取引態様には、「売主」「代理」「仲介（媒介）」の3つがあります。不動産会社が自社所有する不動産を売る場合は「売主」で、不動産会社が売主の代理人である場合は「代理」、不動産会社が「売主」と「買主」の間に立って取引を行う場合を「仲介（媒介）」とします。

7

マンションの構造について

リフォームや使い勝手が変えられる構造を知ろう

建物の構造を知っておくと、マンション選びのときに役立ちます。そこで、間取りと構造の関係を簡単に紹介しましょう。マンションで最も多い造りは、鉄筋とコンクリートを組み合わせた「RC造」。鉄筋とコンクリートに、鉄骨を組み合わせた場合が「SRC造」で、こちらは10階以上の高層マンションに採用されます。

なお、RC造の構造形式には、「ラーメン構造」と「壁式構造」があります。ラーメン構造は、柱と梁で建物を支えるために、開口部が大きく取れ、部屋の間仕切りを取り外すこともできるので、リノベーションの自由度の高い間取りができるのが特徴です。壁式構造の建物は「WRC造」と呼ばれ、ラーメン構造のRC造と分けて表記されます。壁で建物を支えるために柱や梁の出っ張りがなく、室内はスッキリした空間として広く使え、5階建てまでのマンションに採用されます。ただし、リフォームなどで壁を取り払うことができず、リノベーションは制限されます。リノベーションを検討するなら、ラーメン構造のRC造かSRC造を選びましょう。

一般的なマンションの構造

RC造
（鉄筋コンクリート造）

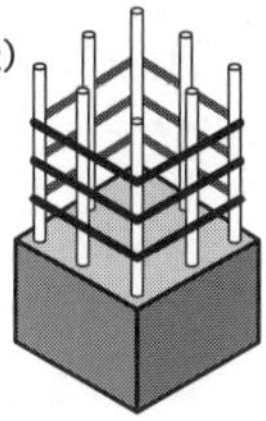

鉄筋とコンクリートを組み合わせた構造で、マンションの多くがこのRC造となっています。最近では強度の高いコンクリートなどを組み合わせて、より丈夫な構造を実現しています。従来は、10階程度のマンションでしたが、最近ではそれ以上の高層マンションでも採用されています。

SRC造
（鉄骨鉄筋コンクリート造）

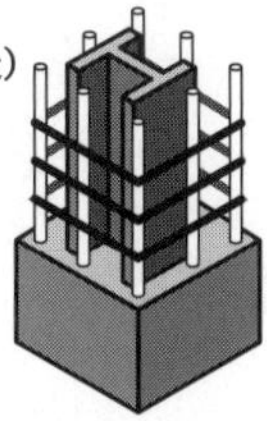

柱や梁などを鉄骨で組み上げ、その回りに鉄筋を配して強度をさらに高めた構造です。剛性と柔性を併せ持つといわれ、10階以上の高層マンションや超高層タワーマンションの建設にも採用されています。防音性能等はRC造と変わらないといわれています。

WRC造
（壁式構造）

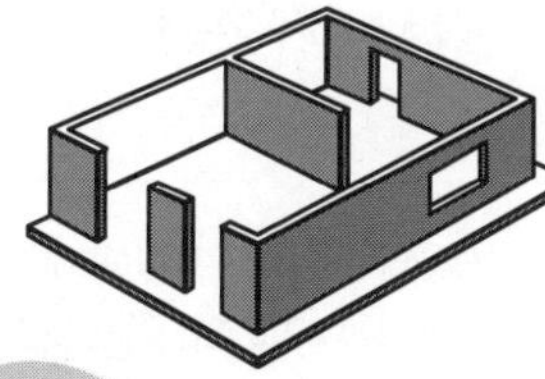

基本は鉄筋コンクリート造ですが、柱梁がなく、壁により建物を支える構造を指します。壁で建物を支えるために、中高層マンション建設には向かず、ふつうは5階建てまでの建物に採用されます。しかし、柱梁がないことで、専有部分に出っ張りがなく、使いやすい間取りの設計が可能です。

知って
おきたい
建築用語

ラーメン構造

「ラーメン」とは、もともとドイツ語で「枠」の意味。柱と梁で建物を支えるために開口部が広く取れます。大きな窓の設置もでき、室内の間仕切りを自由にできます。

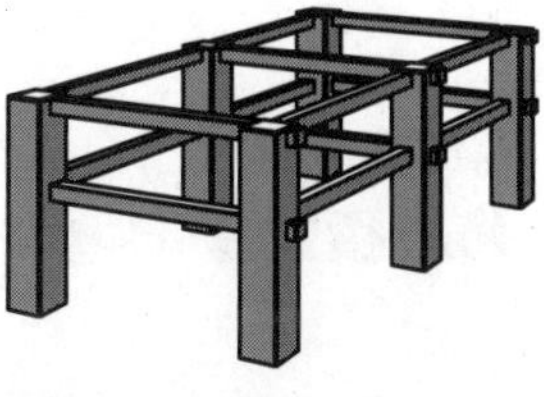

column

マンション選びを成功させるポイント

ここで、マンション選びに必要な4つのポイントを紹介します。
構造などのハード面はもちろん、
維持管理のソフト面をおさえておけば、入居後も快適に暮らせます。

---

1 地盤

軟弱地盤のマンションは基礎工事に費用がかかるために、建築コストが割高になります。できるだけ地盤の固い地域を探しましょう。

---

2 規模

小規模から中高層、20階を超えるタワーマンションまで、特徴はそれぞれ。希望の優先条件や自分のライフスタイルに合わせて快適な物件選びができますが、「いずれ住み替える」か「永住する」かで選び方は絞られます。

---

3 構造・間取り

建築構造によって柱や梁が間取りに影響します。また構造によってリノベーションのできる範囲も変わってきますので、中古物件を選ぶときには建築構造を確認しておきましょう。

---

4 管理費・修繕積立金

住宅ローンを払い終わっても、払い続けなければならない費用。特に修繕積立金は、建物や設備の経年劣化・故障等で補修するための費用。適正な金額は、築10年で戸あたり150万円～200万円の修繕積立金がたまっていることが目安です。

第1章 ——

新築マンションの選び方

［住み心地優先編］

住み心地を優先してマンションを選ぶなら、
立地や最新の設備を重視して絞り込むのがポイント。
さらに使い勝手のいい共用施設があれば、
より快適・便利な住環境が手に入ります。
近頃はさまざまなオプションも付けられるので、
自分のこだわりをどこまで追求するかでも、
選び方は違ってくるでしょう。

1

住み心地のいいマンションとは?

女性の視点を重視した、快適便利な住環境があるか?

2020年の東京オリンピックが決まり、首都圏を中心にマンションの価格が少しずつ上がっています。都内のあちらこちらで再開発工事が進むとともに、今後も新築マンションの建設が盛んになるでしょう。実際、都心回帰の流れもあり、なかには億ションクラスのマンションも珍しくないほどです。それでもすぐに買い手がつくと聞けば、いまが買い時なのかもしれません。

「マンションは資産にならない」ともいわれる一方、売れている現状をみると資産価値とは別の魅力がありそうです。では、どういう魅力があるのでしょうか?

「美しい夜景を眺められるマイホームがいい」「映画やドラマのような素敵なインテリアに囲まれて暮らしたい」「ホームパーティーをして友人たちを招きたい」など、アンケートでも意見はそれぞれです。多くの人に共通しているのは、「住み心地のよさ」。取材してみえてきたのは、男性は「資産価値」を重視しているのに対して、女性の多くがマンションライフに「快適さ」「便利さ」をあげました。しかもカップルの場合、マンション選びでは女性の意見が強く反映される傾向にあります。

そのためマンション建設計画やインテリア選びなどは、女性の意見を集約したマーケティングデータを取り込んでいます。女性から気に入られなければ、マンションとしての値打ちが下がるというわけです。そういう背景があって、最新の設備や施設がどんどん新築マンションに取り入れられ、女性に喜ばれるようなハード面の魅力を磨いてきたのです。

さらにソフトの部分でも24時間有人受付や警備員の常駐など、ホテルと変わらないサービスで女性の気持ちを引きつけています。こうした行き届いたサービスや最新設備をそろえると、ランニングコストが気になりますが、その問題は先送りしてでも快適さや便利さこそが優先すべき条件で、それらを毎日の生活で最大限に享受することがマンションライフの醍醐味だというわけです。

家は女性にとってホームグラウンドともいえる場所ですから、使い勝手のよさに心が動かされるのも当然でしょう。誤解をおそれずにいうならば、マンションは消費財にすぎないのかもしれません。では、快適さや便利さを訴求する数あるマンションの中から、何を指標にして絞り込めばいいでしょうか。それは、最新の設備施設とともに手厚いサービスのバランスが取れていることです。そこに、ちょっとした心づかいや気づかいの感じられる温もりこそが、それぞれのマンションが醸し出す素顔であったり品位になるのかもしれません。さわやかな風がそよぐように、心地よさが広がる、そんな暮らしをイメージできるマンションが魅力的なのです。

2

通勤面からターゲット沿線を絞る

起点の駅をはずせば、お手頃で駅近物件が探せる

住み心地を優先してマンション選びをする場合、多くの人は通勤に便利な沿線に絞って探す傾向があります。これは賢明な選択ですが、次にどの駅をピックアップするかになります。利便性を考えれば、「特急」「急行」「快速」などが停車する起点になる駅に注目しがちです。しかし、少し視点を変えて考えると、同じ路線でも選択肢はぐっと増えます。

例えば、起点になる駅は人の乗降も多くなり、駅前周辺は商業エリアで賑わっているのがふつうです。しかし、最寄り駅が起点の駅だとしても駅からマンションまで徒歩15分かかるとすれば、1駅か2駅遠くなっても駅から徒歩5分圏内の物件を選ぶほうが家と勤務先までの時間も短くなり快適かもしれません。1駅分遠くしただけで、価格もリーズナブルになることもあります。物件からの最寄り駅が各停しか停まらない駅であっても、隣駅が快速や急行の停車駅になっていれば狙い目です。都心であれば、1駅程度は歩けないほどではありません。

通勤が快適になる沿線の選び方

通勤沿線を絞るときに駅から駅の最短の時間を鵜呑みにしないことです。例えば、「東京駅まで最速47分」という表示は、乗り換えや待ち時間を含みません。1本乗り遅れた場合、何分後に勤務先の駅に着くかを考えて、1日の発着本数や土日の運行状況なども確認しておきましょう。

▶ 起点となる駅から1駅か2駅離れて、駅に近い物件を選ぶ

⇒ 利用者も多い起点の駅は、ホームに着いてから混雑する構内を抜けて改札口を出るまでに意外と時間がかかります。それよりもすぐに改札口を出られる1駅か2駅先で、駅近の物件を選ぶほうが勤務先までの通勤時間が短くなることもあります。

▶ 特急、急行、快速が停まる駅にこだわらない

⇒ 特急や急行などが停まる駅は、人気も集まり地価も高くなります。むしろゆとりをもって各停や快速で通勤するほうが、特急などの利用者よりも通勤ラッシュのストレスも少なくなります。

▶ 始発駅を選ぶ

⇒ 座って通勤できるのでラクです。帰りに駅を乗り越す心配もありません。その分、人気の高いエリアになります。

▶ 駅と駅の間が近い路線も狙い目

⇒ 2駅を使い分けられて便利です。スーパーや商店街など、買い物エリアの幅も広がります。

▶ 複数路線に挟まれたエリアに絞る

⇒ ターミナル駅をはじめいろいろな場所へのアクセスが可能です。鉄道事故等の発生に遭遇しても、別の路線を使って移動できます。

▶ 勤務先から半径20㎞圏内の東西南北の起点となる駅から探す

⇒ 東日本大震災のような大災害を想定すると、交通機関が使えずに勤務先から歩いて帰宅できる歩行距離の目安が10kmから20km以内です。つまり、そのエリアの起点駅から近いところで探せば帰宅困難者にならずにすみます。

ベストな立地条件

半径2㎞の生活圏内に、公共機関や便利なお店がそろうこと

快適な住み心地のマンション選びで、キーポイントになる立地条件。どういう立地であれば満足できるでしょうか？　便利な通勤沿線であることや、最寄り駅までのアクセス、商店街や周辺環境へのこだわりなど、いろいろな条件があります。まずは、マンションを中心にして半径約５００ｍ、１㎞の同心円内に、生活に必要な施設や店舗があるかを確認しましょう。自分の生活圏内の近いところに役所、郵便局、銀行、警察署、病院、保健所、保育園、幼稚園、小・中学校、コンビニエンスストア、ドラッグストア、クリーニング店、スーパーマーケット、ホームセンターなどが集まっていると便利で快適です。住民票を取りに電車やバスを乗り継ぐのは不便ですし、病院も小児科、内科、整形外科、耳鼻咽喉科、眼科などが近くにあれば安心です。また、マンションから徒歩もしくはバス利用で約20分圏内に、メインで利用する以外の別路線の駅があれば、交通事情にかかわらず移動手段を確保することもできます。

快適で便利な立地か チェックしてみよう

物件の立地条件を確認する場合は、必ず現地に出かけて歩いてみることです。インターネットは情報収集には便利ですが、あくまで下調べ程度にとどめます。クルマを利用する場合は、幹線道路と物件までの道がどのようにつながっているのかを実走して確認しましょう。道幅や通行量も実感できますし、進入禁止や一方通行、時間貸しの駐車場の位置などもわかります。

チェックポイント

※実際、移動にかかった分数を記録しておきましょう

公共機関

□ 市役所・区役所
徒歩______分／自転車______分

□ 公民館
徒歩______分／自転車______分

□ 郵便局
徒歩______分／自転車______分

□ 警察署・交番
徒歩______分／自転車______分

□ 消防署
徒歩______分／自転車______分

□ 保健所
徒歩______分／自転車______分

□ 幼稚園・保育園　徒歩______分

□ 小学校　徒歩______分

□ 中学校　徒歩______分

□ 図書館　徒歩______分

□ 公園　徒歩______分

□ 最寄り駅
徒歩______分／自転車______分

□ 隣駅
徒歩___分／自転車___分／バス___分

□ 別路線駅
徒歩___分／自転車___分／バス___分

□ バス停
徒歩___分／自転車___分

病院・商業施設

□ 病院（内科・外科など）
徒歩______分／自転車______分

□ スーパーマーケット
徒歩______分／自転車______分

□ コンビニエンスストア
徒歩______分／自転車______分

□ ドラッグストア
徒歩______分／自転車______分

□ クリーニング店
徒歩______分／自転車______分

□ レンタルDVD店
徒歩______分／自転車______分

□ ホームセンター
徒歩______分／自転車______分

□ ファミリーレストラン
徒歩______分／自転車______分

□ 弁当・総菜屋
徒歩______分／自転車______分

□ ファストフード（丼、ハンバーガーなど）
徒歩______分／自転車______分

□ カフェ
徒歩______分／自転車______分

□ 居酒屋
徒歩______分／自転車______分

4

耐震・免震構造はあたりまえ

揺れに強いことも住み心地のキーポイント！

マンションの魅力の１つは安全性の高さです。地震大国の日本では、耐震構造の家づくりにおいては先進国です。現在、新築分譲のマンションはすべてが建築基準法による耐震基準をクリアしたものなので、特に大きな特徴というわけではありません。以前に建築家によるマンションの耐震偽装設計や国土交通大臣認定の性能評価基準に不適合の免震ゴムを不正に認定取得していた事件などがありましたが、通常はしっかりした耐震構造のはずです。その性能は１９９５年の阪神・淡路大震災のときに評価され、２０１１年の東日本大震災でも耐震構造のマンションの強度が確認されています。

ひとくちに地震に強い建築構造といっても耐震構造、免震構造、制震構造の３つがあり、それぞれに特徴があります。現在、多くのマンションや高層ビルに採用されているのは、免震構造です。しかもその免震構造もどんどん進化して強度も高くなっています。新築マンションでは、免震構造になっているのはあたりまえという時代なのです。

耐震・免震・制震構造 それぞれの特徴

耐震構造

地面の揺れが建物に伝わるため、激しく揺れます。倒壊はしなくても躯体の亀裂など、損傷は受けやすくなります。耐震構造は、建物の倒壊を防ぎ、その結果としてそこに住む人の生命を守るという構造です。一度大きなダメージを受けると耐震性能が大きくダウンして補修をする必要があります。

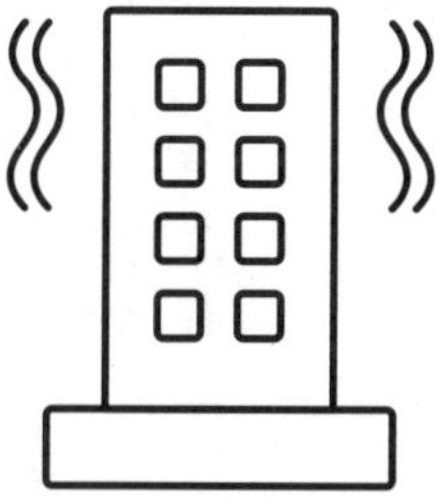

免震構造

建物と地面の間に積層ゴムなどの免震装置を組み込むことで揺れを吸収し、建物を守ります。免震構造は、建物そのものに地震の被害が及ばないように考えられた構造です。建物の倒壊を防ぐとともにそこに住む人の生命を守ります。

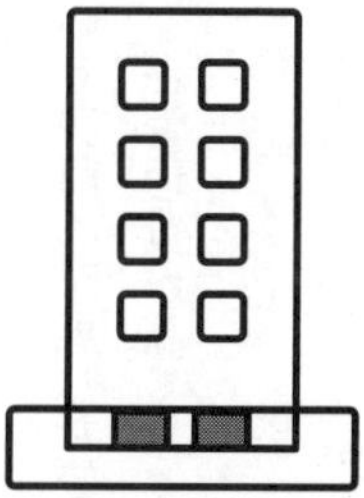

制震構造

建物に組み込んだ装置や重りで揺れを最小限に抑え、建物を守ります。既存の建物に後から取り付けられる地震対策の1つが制震構造です。地震で揺れるエネルギーをいかに吸収して建物へのダメージを減らすかを目的にしています。

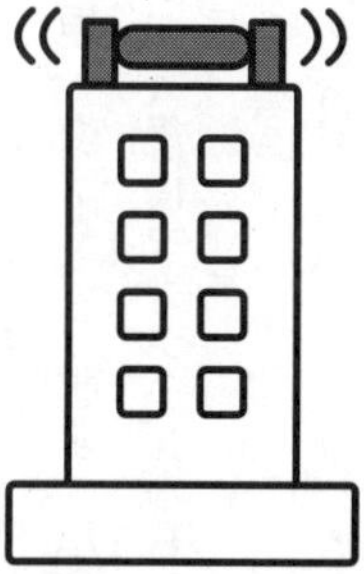

5

小規模？　タワーマンション？

探すなら、メリットとデメリットの比較をしよう

最近は20階以上のタワーマンションがクローズアップされていますが、30戸以下の小規模マンションや80戸前後の中高層マンション、大規模な多棟マンションなど、さまざまな規模のマンションが建てられています。マンションの規模が異なれば、それぞれにメリットとデメリットがあります。例えば、規模の大きなマンションでは金額面でのスケールメリットがあります。

仮にいま、管理費が月額1万５０００円だとすれば、30戸のマンションでは45万円／月、５４０万円／年ですが、２００戸のマンションでは３００万円／月、３６００万円／年が集まります。管理費の予算が大きくなれば、使い方次第で充実した管理を実現しやすくなります。小規模マンションで24時間の有人管理を実施すると管理費が高くなりますが、大規模マンションなら可能です。

しかしその予算が適正に使われているかのチェックが、区分所有者が多い大規模マンションでは甘くなる傾向があります。そうなると、せっかくのメリットも生かせないこともあるのです。

小規模マンションとタワーマンションのメリット・デメリット

小規模マンション【30戸以下】

▶ メリット

- 邸宅のイメージがある。
- 住人の顔がわかる(交流しやすい)。
- 住人同士の合意形成がとりやすい。
- 少数意見が反映されやすい。

▶ デメリット

- 管理費/修繕費が割高になりやすい。
- 管理仕様を充実させにくい。
- 小規模なので、敷地が広くない。
- 少ない世帯数で管理組合の役員の順番が早く回ってくる。

タワーマンション【200戸以上】

▶ メリット

- ぜいたくな共用施設や設備がある。
- 上層階からの眺めがいい。
- 管理組合の役員の順番が回ってくるまで時間がかかる。
- ホテルのような24時間有人管理も可能。
- 最新のデザイン、外観である。

▶ デメリット

- 住人の顔がわかりにくい。
- 人数が多いので、合意形成が難しい。
- 管理組合で少数意見を反映しにくい。
- 管理仕様によって維持費が高額になる。
- 大規模修繕工事が高額になる。

6

モデルルームで確認しておくこと

雰囲気に惑わされないで、必要なポイントを見る

モデルルームは、「このマンションならこんな暮らしができます」というイメージをふくらませる巨大な販促ツールです。まずは、見学のためにあらかじめ電話やｗｅｂで予約を入れておくと、人気の物件でも待たされず、スムーズに回れます。はじめて見学に行く場合、「アンケート」への回答を求められます。購入を前向きに検討するつもりなら、もれなく記入しておきましょう。このアンケートの情報をもとに、不動産会社の担当の営業マンが説明や案内をしてくれ、質問や住宅ローンの相談にも答えてくれるはずです。買いたい熱意の伝わる顧客には、営業マンも真剣に向き合ってくれるので、質問事項なども考えておくのがいいでしょう。

モデルルームでは必ず、図面ではつかみにくい部屋の奥行きや天井の高さ、収納スペースの広さ、フローリングの材質などをチェックします。特にキッチン周辺のスペースと動線は気になるものです。また、オーブンレンジや自動食器洗浄機などは、標準仕様かオプション仕様なのかを忘れずに確認しましょう。

モデルルームで物件を見極める!

モデルルームは2種類ある

仮設タイプ

実際の建設場所とは違う場所に設けられているので、時に図面と若干異なる場合があり、見栄えを優先に造っていることもあります。柱の位置や窓枠の高さ、収納スペースの奥行きなど、持参したメジャーで計るなど、図面との差がないか念のために確認してもいいでしょう。

棟内タイプ

実際のマンション内にモデルルームを構えている場合、周辺環境も具体的にわかりますし、室内の広さも天井の高さ、梁や柱の出っ張り具合などがリアルに体感できます。バルコニーからの眺めや広さも確認しておきましょう。

チェックポイント

- ☐ **壁のクロス** ⇒ 標準仕様／オプション仕様のちがいは?
- ☐ **フローリング** ⇒ 標準仕様／オプション仕様のちがいは?
- ☐ **キッチン** ⇒ オーブンレンジ・自動食器洗浄機の設置は標準仕様／オプションか?
- ☐ **トイレ**
  ⇒ スペース、電源の位置、温水便座のグレード、トイレットペーパーホルダーの位置は?
- ☐ **リビング照明、エアコン** ⇒ 標準仕様／オプション仕様のちがいは?
- ☐ **扉、ノブ** ⇒ 品質・グレードの確認。標準仕様／オプション仕様のちがいは?
- ☐ **玄関まわりの広さ、靴の収納スペース**
  ⇒ 箱ごとの収納は可能か、ブーツ収納スペースの有無は?
- ☐ **天井の高さ**
  ⇒ 階数によって、部屋の天井の高さが違うことがあるので注意します。
- ☐ **廊下の幅**
  ⇒ とくに内扉がある場合の最大幅。大型家具・家電の搬入を想定しておきます。
- ☐ **収納スペース** ⇒ 奥行きが十分あるか、図面との確認をします。

! モデルルームは物件を見極める好材料です。2〜3回は訪ねましょう。「営業マンの対応がよかった」「部屋の印象がよかった」だけで終わっては意味がありません。

7

ラグジュアリーな内装＆設備とは？

上質な暮らしを演出してくれるもの

専有部分でまずこだわりたいのは、壁のクロスやフローリング材。部屋の大部分の面積を占めるパーツだけに質のいいものを選びたいところです。内装に関してもオプションの選択肢があれば、ぜひ検討しましょう。フローリングはあらかじめワックスコーティングしたものを選べば、あとでワックスがけの手間がかかりません。リビングには床暖房が標準装備されているかどうかも確認しましょう。後から設置すると工事も面倒です。キッチンまわりでは、自動食器洗浄機とビルトインオーブンや収納棚など便利な器機がオプションで用意されているので、必要なら注文しましょう。つぎに水まわりでは洗面所とバスルーム。浴槽ならゆったり入れるユニットバスの1620（バスルームの広さ：1600㎜×2000㎜を略して表示）のタイプがいいでしょう。一回り小さい1418（1400㎜×1800㎜）タイプもありますので、その差はモデルルームで体感すればわかります。洗面所は洗面ボウルが2つのタイプだと二人同時に手洗いもできて便利ですし、大きめの収納棚があるかも確認しておきましょう。

こんな設備があれば快適・便利

入居したときからセットしてあれば、快適に暮らせる設備をあげておきます。ただしオプションになっているものも多いので、確認して選びましょう。また、導入するときに耐用年数、故障・修理・交換時のことも聞いておくと安心です。

キッチン

▶ 自動食器洗浄機
⇒ 食器洗いから乾燥まで自動でやってくれるので、家事の省力化ができます。

▶ ディスポーザー
⇒ 料理で出た生ゴミを粉砕して流すので、台所はいつも清潔。

▶ ビルトイン・オーブン
⇒ キッチンスペースを有効に使えるビルトイン方式だから調理がスムーズ。

▶ ビルトイン・ワインセラー
⇒ 置き場所に困るワインセラーをキッチンに組み込んでおけば、ホームパーティーのときも便利。

リビング

▶ 床暖房
⇒ エアコンと違ってホコリを舞い上げずに床から温めてくれます。

▶ ビルトイン・エアコン
⇒ リビングの天井にあらかじめ組み込むタイプなので、機器の出っ張りやパイプも見えないため広く感じられます。

洗面所・バスルーム

▶ 2ボウル洗面台
⇒ 2人が同時に洗面台に立てるので便利。

▶ 1620サイズバス
⇒ 成人男性がゆったり足を伸ばせるゆとりのある浴槽。快適で、疲れもしっかりほぐせます。

▶ ジャグジー
⇒ 自宅のバスで温泉気分を楽しめます。

▶ ミストサウナ
⇒ ドライサウナと違って素肌にやさしいサウナで、カラダもココロも癒やせます。

▶ 浴室換気乾燥機
⇒ バスルームの換気乾燥機を使えば、天気を気にせずに洗濯できます。

8

オール電化仕様について

キッチンの使い勝手がポイントになる

2011年の東日本大震災が発生するまでは、オール電化マンションが注目を集めていました。しかし、福島原発事故がいまだに解決できないまま、時代は節電・省電力を奨励する風潮になり、オール電化マンションは以前ほど増えていないのが現状です。今後はわかりませんが、マンションがオール電化仕様の場合、どういうメリットとデメリットがあるのかを確認しておきましょう。

大きなメリットとしては、火を使わず、熱源として電力を使うので、火災になりにくく安全性が高いことでしょう。また、使い方によっては料金が割安になるのも魅力です。一方、デメリットはIH対応の調理器具しか使えないことと、料理内容によっては苦手なものがあること。強い電磁波が発生するために、健康被害も心配になります。

また、オール電化マンションは、建設時にガスの配管を敷設しないために、途中でガス併用に切り替えることができません。したがって、火を使いたい場合には、カセットコンロなどを利用するしかなくなります。

オール電化マンションのメリット・デメリット

▶ メリット

- ガスに比べて火災になりにくい。
- 二酸化炭素を出さない。
- ガスに比べてキッチンが暑くならない。
- ガスのような不完全燃焼の事故は起きない。
- 調理器具が汚れにくく手入れも簡単。
- 電気料金のみになり光熱費が把握しやすい。
- オール電化契約があり、使い方次第で電気料金が割安になる。

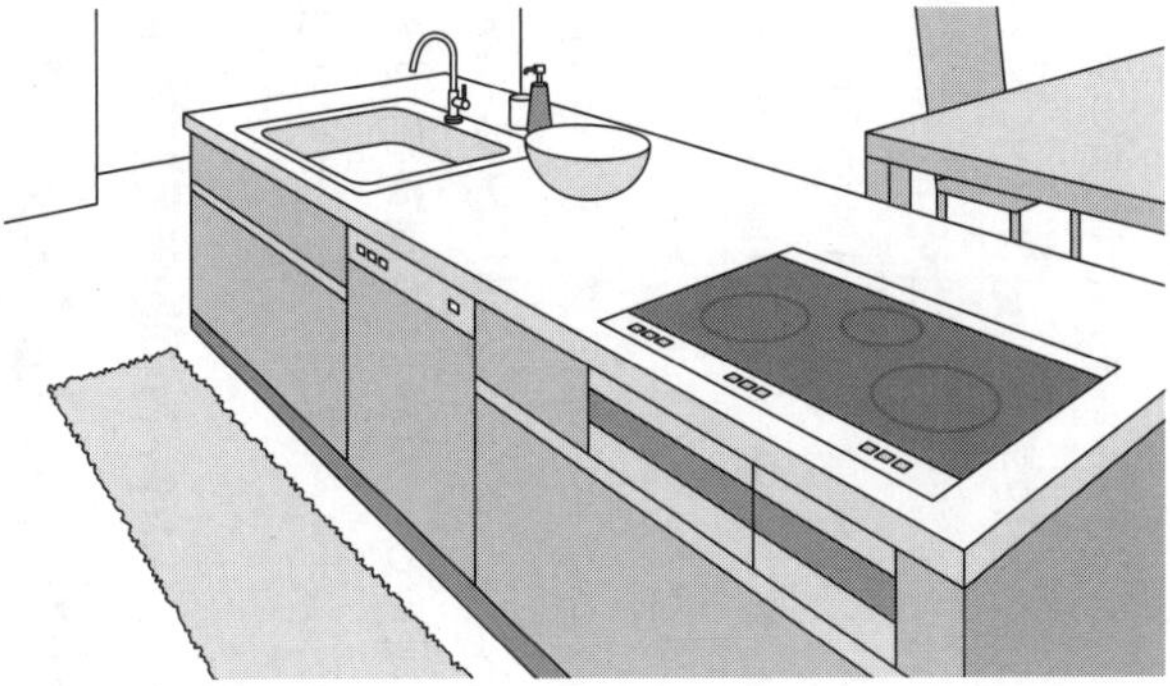

▶ デメリット

- 当初からガスの配管がないため、途中でガス併用にできない。
- 使用できる調理器具が限られ、またIH対応調理器具は割高。
- 鍋底の接地面であるガラストップから鍋を離すと加熱できないため、中華料理などの鍋ふりに向かない。
- ガスに比べ沸かしたお湯が冷めやすい。
- 強力な電磁波が発生するため健康被害が心配。
- 電力使用を促進するため、節電の社会風潮に反する。
- 家庭で火を見ることがなくなるため、子どもの教育上問題があるとの指摘がある。

9

理想的なキッチンを選ぶには?

家事動線と家族の顔が見える位置を考えよう

マンション選びで、キッチンは重要ポイント。特に料理をする機会の多い女性にとって、キッチンの使いやすさこそが、そのマンションの評価に直結します。ある有名料理サイトの最新アンケートによれば、希望するレイアウトは「対面キッチン」49・3%、「アイランドキッチン」33・2%でした。しかし、これは調理中も家族と会話したい、料理をつくりながら子供の様子を見たいという思いがあるからで、調理の効率性とは結びつきません。キッチンに対する不満は、「作業スペースがない」44・7%、「収納が少ない」39・9%という回答で、キッチンの狭さを指摘する人がほとんどだといわれます。つい、対面キッチンがいいと思いがちですが、作業スペースと収納スペースが確保されたうえで考えたほうがいいでしょう。最近は男性が料理する機会も増え、夫婦二人で調理することも考慮して、冷蔵庫や調理棚等を除いたキッチンの広さを確認するのが賢明です。特に冷蔵庫は大型が増えているので、設置スペースをしっかり把握しておきましょう。

キッチンのタイプを知る

キッチンには、大きく4つのレイアウトがあります。図面上では英字になぞらえて「I型キッチン」(独立型キッチン)、「U型キッチン」、「L型キッチン（対面キッチン)」、そして「アイランドキッチン」と呼ばれることがあります。それぞれ、人によって使いやすさは変わるので、モデルルームなどでよく見ておきましょう。

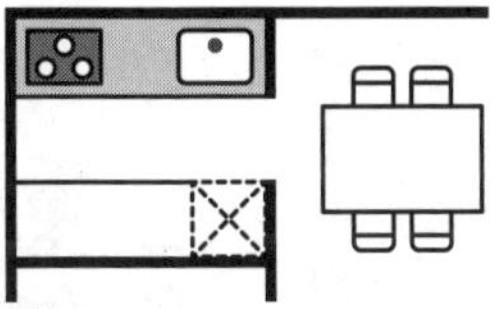

I型キッチン（独立型キッチン）

コンロ、調理スペース、流しが一直線にレイアウトされた実用型で、背面に収納スペースを確保し、調理作業効率を優先。リビングとは独立しているシンプルなタイプです。

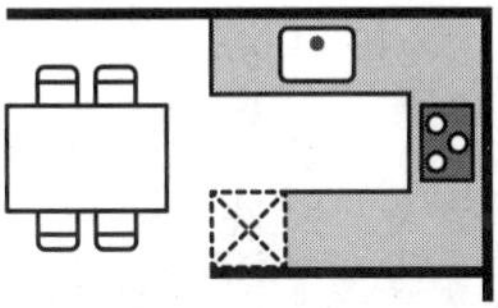

U型キッチン

キッチンスペースとリビングが続いた広いスペース向けのレイアウト。調理作業エリアの左右に冷蔵庫や食器棚等の収納スペースが確保されているために、効率よく調理ができます。

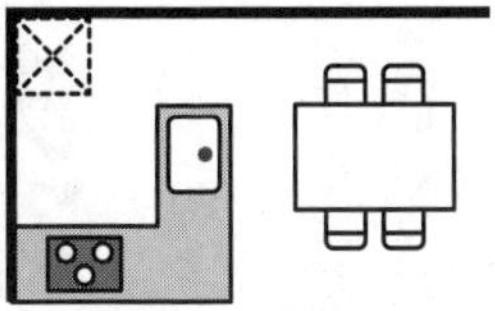

L型キッチン（対面キッチン）

コンロと流しがL型に離れてレイアウトされ、コーナーで調理するスペースを確保しています。左右にカラダを向ける最短の動線で調理ができることと、流しからリビングが見える対面キッチンにできることでも人気があります。

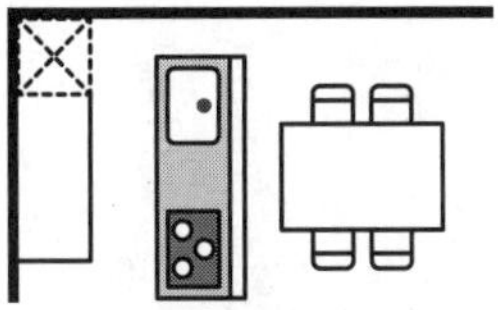

アイランドキッチン

キッチンがリビング側に独立して配置されているため、対面式でありながら動線が複数確保されているタイプ。そのために2人で調理作業する場合にも効率的。また、キッチンとリビングの往復をしやすいので、週末にホームパーティーなどを楽しみたい人向きです。

10

スムーズな動線で家事も快適に

ストレスがないシンプルな動線の暮らし

モデルルームでは、豪華な演出のために、高級家具を整然と置いて雰囲気づくりをしています。

そうした雰囲気に酔いしれることなく、まずは家事がしやすい家事動線が考えられているか、また寝室やリビングとの往来のための生活動線が複雑になっていないかをチェックしてみましょう。家の中で一番動くといわれる主婦は、調理をしながら、その合間に洗面室（ユーティリティールーム）の洗濯機を回して、バルコニーに洗濯ものを干します。マルチタスクを効率的にするのが家事動線で、できるだけ一直線になると使い勝手がよくなります。

例えば、家事動線が直線であれば、回り込むことなく短い距離で移動するだけで済みますし、離れていても見通しがきけば、洗濯機から衣類を取り出しているときにも鍋がふきこぼれないか確認できます。

また、トイレと寝室が近いなど、便利な生活動線が確保できるように、洗面所やバスルームとキッチンの位置関係を確認して、家事動線を実際になぞって確認してみましょう。

動線が直線的かをチェック

複雑な動線になるようなら、使い勝手がよくないと考えられますし、そうした物件を選ぶと知らず知らずのうちにストレスをためてしまう可能性もあります。住み心地にこだわるなら、動きやすい動線を確保できるか、モデルルームでチェックしておきましょう。

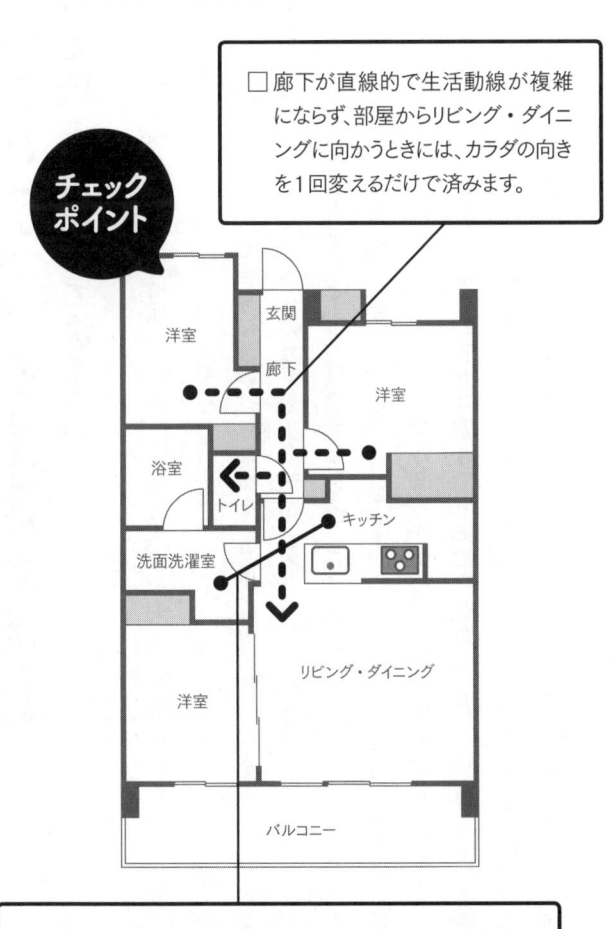

□ 廊下が直線的で生活動線が複雑にならず、部屋からリビング・ダイニングに向かうときには、カラダの向きを1回変えるだけで済みます。

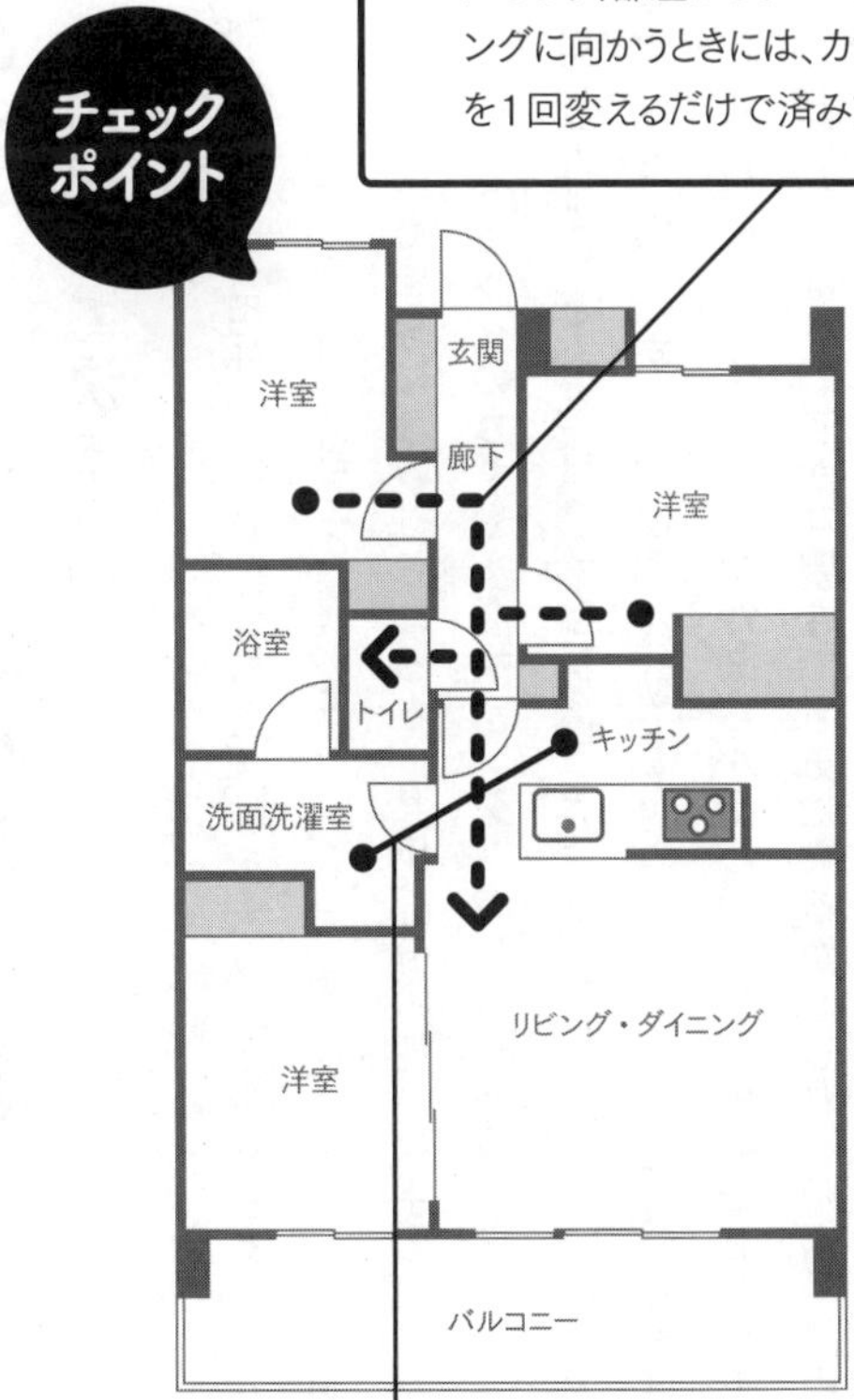

□ キッチンの鍋の火加減にも目が届き、同時に直線移動して洗面洗濯室で洗濯機を使うこともできる、効率的な家事動線が確保されています。

11

共用部分のチェックも忘れずに

住み心地の差は、共用部分で決まる!?

モデルルーム見学には熱心でも、共用部分（※）になると興味を失う人が少なくありません。自分の部屋には無関係だと思いがちですが、共用部分の確認をしっかりチェックすることも快適な住まい選びには欠かせません。というのも実際に住みはじめると、共用部分の使い勝手のよさが暮らしの快適さにつながるからです。オートロックのカギや多機能インターホン、24時間対応のセキュリティーシステム、防犯カメラシステムなど、どんな設備がどう稼働しているのか、またエレベーターの位置も、マンションに住めば気になるはずです。例えば、自動ドアやエレベーターに近い部屋は、住人の出入りがあるために、ほかの部屋に比べて人の声や作動音が伝わってくる可能性もあります。給水ポンプの稼働音が給水管から伝われば、わずかな響きでも気になるかもしれません。共用設備の位置を確認することが部屋選びの参考にもなります。また共用部分は、カタログなどに掲載されている完成予想図面と違っている場合もありますので、ゴミ置き場や駐輪場の位置も忘れずにチェックしておきましょう。

※共用部分：マンションで区分所有者が共同で使用する部分のこと。個人で勝手に改修や変更はできません。なお、共用部分に対して、各戸の室内を「専有部分」といいます。

共用部分はココをチェック

マンションの共用部分は一番特色が出ます。例えば、オートロックや防犯カメラのセキュリティーは基本ですが、使い勝手のよさの目安になる廊下の幅やバルコニーの広さも確認しましょう。また、充実した共用設備が快適な住環境にします。

チェックポイント

- □ **エントランス** ⇒ ロビーの広さは十分か?
- □ **防犯カメラ** ⇒ エントランスや廊下に死角はないか?
- □ **オートロック** ⇒ カメラ付きか?
- □ **管理人室** ⇒ 訪問者や居住者と接触しやすい位置か?
- □ **テラス** ⇒ オープンなテラスはあるか?
- □ **ゲストルーム** ⇒ 宿泊設備はあるか?
- □ **ミーティングルーム** ⇒ 集会室があるか?
- □ **外廊下** ⇒ 幅は十分か?　段差はないか?
- □ **各戸ドア(オモテ面)** ⇒ 鍵は2箇所か?
- □ **バルコニー** ⇒ 広さ、幅は十分か?
- □ **窓枠サッシ** ⇒ 強化ガラス、二重窓か?
- □ **インターホン** ⇒ カラーモニターで録画機能付きか?
- □ **エレベーター** ⇒ カメラ付き、24 時間遠隔監視モデルか?
- □ **駐車場** ⇒ 平置きか、機械式か?
- □ **駐輪場** ⇒ 平置きか、機械式か?
- □ **給水** ⇒ 受水槽方式(※1)か、直結給水方式(※2)か?
- □ **ゴミ置き場** ⇒ 24 時間ゴミ出しOKか?
- □ **植栽エリア** ⇒ シンボルツリーはあるか?

※1　受水槽方式:水をいったん建物内の水槽に貯めてから、増圧ポンプや高架水槽を介して各住戸に配水する方式。

※2　直結給水方式:受水槽を経由せずに各住戸に直接給水する方式。

12

こだわりたい共用設備と施設

日常の暮らしを輝かせる共用施設とは？

ここでは、マンションでの生活をさらに快適・便利にしてくれる、共用部分の設備や施設について紹介しましょう。まずはマンションの顔となるエントランス周辺。高級感あふれる天然石での仕上げはもちろん、車寄せのスペースがあること、また段差を迂回するための手すり付きスロープも欲しいところでしょう。さらに、24時間の有人警備であれば防犯上も安心です。

最近ではホテル仕様のようにコンシェルジュが常駐するぜいたくなサービスまであります。広いエントランスホールに、居住者なら誰でも使える多目的ホールやフィットネスジムを併設していたり、中にはバーラウンジやカフェカウンターも用意されています。高級ホテルと少しも変わらない設備や施設がそろうことも珍しくありません。ただし、これらの設備や施設が自分にとって本当に必要か確認したほうがいいでしょう。共用部分が充実すると便利な反面、維持費も大きく、その負担は区分所有者がしなければなりません。自分にとって必要な設備・施設に限定した選び方も考えたいところです。

より暮らしを快適にする共用設備・施設

住み心地のいいマンションの魅力は、暮らしの空間に快適サービスをプラスする共用設備・施設が充実していることです。例えば、地下の車寄せ、多目的ホール、ゲスト用宿泊ルーム、ペット用の洗い場、宅配ボックスなどがそろうほど、満足度の高いマンションになります。

▶ **エントランスの車寄せ**

▶ **駐車場**（ゲスト用）**平置きまたは地下**

▶ **屋上緑化**（ヒートアイランド対策）

▶ **多目的ホール**（会議やパーティールームとして使用可）

▶ **フィットネスジム、スパ、プール**

▶ **ゲスト用宿泊ルーム**

▶ **キッチンスタジオ**

▶ **ペット用の洗い場**

▶ **宅配ボックス**

あるとさらに便利な施設

コンシェルジュが常駐しているようなマンションでは、気軽にあらゆる相談ができます。また敷地内に便利な各種ショップのほか、託児所やデイケアホーム、診療所やデンタルクリニックなどがあれば安心で快適です。

▶ **コンシェルジュ・カウンター**

▶ **ファミリーレストラン**

▶ **コンビニエンスストア**

▶ **クリーニング店**

▶ **託児所 / 私設保育園**

▶ **各種クリニック**

13

エレベーターは生活に影響する

日本製は乗り心地、安全性、高速性の3拍子がそろう

エレベーターは自動車と異なり、構造的にはシンプルな乗り物です。しかし、その制御は各メーカーが開発した独自のプログラムによって操作されています。大手メーカーのものであれば、快適性、安全性、高速性の３拍子がそろい、大きな性能差はありません。

マンションの規模などによって設置台数は変わりますが、約50戸に対して1基の割合で導入しています。高級感を打ち出した最近のマンションでは、20戸に対して1基を導入しているケースもあります。台数が多いと便利ですが、メンテナンス費用もそれだけかかることになります。

また、エレベーターに近い住戸では乗り降りに便利な反面、同じフロアの人たちが乗り降りするときの話声や足音が廊下に響くこともあり、音に敏感な人はエレベーターから離れた住戸を選ぶといいでしょう。最近は、プライバシーを考慮して、1フロアを3戸単位で区切って、その3戸に対して利用できるエレベーターを1基設置するマンションもあります。そういうマンションでは混み合うことも少なく、乗降もスムーズです。

エレベーターはココをチェック

チェックポイント

□ 台数

⇒ マンションによって異なりますが、50 戸から 60 戸に対して 1 基設置するケースが多いといわれます。複数のエレベーターが設置されている場合、担架や棺などをそのまま乗せられる奥行きが確保できるトランク付きエレベーターがあるかを確認しましょう。

□ 住戸までの距離

⇒ プライバシーを気にする人は、乗り降りする人が頻繁に通るエレベーターに近い住戸は避けましょう。そうしたことを考慮して、1フロアの2戸や3戸で 1 基使えるように利用区分を限っているマンションもあります。

□ 安全性

⇒ 最近はエレベーターの稼働状況を 24 時間の遠隔監視システムでチェックしていることが多くなっています。地震発生の場合は、最寄りの階で着床します。閉じ込めなどの非常時には、インターホンで外部と連絡が取れるので安心です。

□ 音

⇒ エレベーターの稼働音が住戸に響くことはほとんどありません。むしろエレベーターを乗り降りする人の足音や話し声が廊下に響く場合があり、エレベーターに近い住戸では気になることもあります。

タワーマンションでのエレベーター問題

最近は20階以上の高層タワーマンションも増えています。エレベーターは高速で上下に昇降するときにも揺れもなくあっという間に到着するのが魅力ですが、意外と待ち時間が長くて困ると訴える居住者が多くいます。特に朝の出勤時間帯になると、エレベーターが一斉に稼働するため、上位階に住む人にとっては、各階に停まる使い勝手の悪さはほかにないというほど。ある40階建てのタワーマンションには7基のエレベーターがありますが、30階以上の高層階専用は2基しかありません。1階に到着するまでの時間が読めず、出勤時間を早めるしか方法がないため、ストレスを抱える人は少なくありません。

14

外観は個性派？ コンテンポラリー派？

プライドをくすぐる憧れの住まいはどっち？

かつてトレンドマンションとして脚光を浴びたのは、高級感漂うデザイナーズマンションでした。バブル期には高値の花でしたが、その後、バブル経済がはじけたこともあり、瀟洒なデザイナーズマンションは手頃な価格で購入できるようになりました。そのため個性のあるマンションを希望する人たちの間では、一度は住んでみたいと、いまも根強い人気があります。

一方、時代が求めているのは、有名建築家を起用したゴージャスな造りではなく、より実用的でコンテンポラリーな外観や仕様のマンションが主流になっています。例えば、ヨーロッパの邸宅をイメージしたように、共用廊下から少し奥まった位置にドアを設置したプライバシーに配慮したアルコーブの造りや、ガラス窓が二重サッシのものや省エネルギー対策のととのったものなど、時代に即した使い勝手のよいものが増えています。そして、インテリジェントビルのような近未来的でスタイリッシュなイメージを与えるマンションが多くなっています。こうした最新のマンションは、デザイナーズマンションと違って、実用性が高くメンテナンスにおいても手間がかからないといわれます。

デザイナーズマンションのメリット・デメリット

▶ メリット

- 外観、共用スペースのデザインにインパクトがある。
- 独自のデザインで目立ち、地域のシンボルになる。
- 居住者は同じデザインに魅力を感じる人たちで構成され、交流しやすい。
- 自分の好みにフィットした住まいに暮らせる充実感がある。
- 経年後もあまり古臭さを感じさせない。

▶ デメリット

- インパクトが強いデザインだけに、飽きることもある。
- 売却しようとしても買い手がつきにくいケースがある。
- 独自の素材やこだわりの建材を使っているため、修繕費が高額になる。
- デザインを優先するあまり、居住性が劣る場合がある。
- 特殊建材の使用や有名建築家による設計で、割高になる場合がある。

15

駐車場は確保できるか？

平置きが基本、将来拡張できるか？

交通網が発達している都心部では、クルマが必ずしも必要かどうかは人によって事情が違います。現在、都市部では土地代が高く、駐車スペースを確保するのが難しくなっています。そこで機械式立体駐車場が設置されているマンションが増えたわけです。駐車スペースを増やしても限界があるため、全戸が借りられないケースも出てきます。その結果、駐車場使用権付きにして、割高に優先販売しているマンションもあれば、共有地であるにもかかわらず、駐車場を無料にしているケースもあります。こういう駐車場付きのマンションは、いずれ居住者の間での不公平さが問題となり、裁判にも発展しかねません。ですから、駐車場を確保したい場合は、のちのちもめないように注意すべきです。マンションの敷地内に駐車場を借りられない場合でも、近隣の駐車場が確保できるか、また料金差があまりないかを確認しておけばいいでしょう。

また、バイク用の駐車スペースや駐輪場の収容台数なども、余裕がなければ使い勝手が悪くなりますので、しっかり確認しておきましょう。

駐車場のトラブルを避けるには

駐車場付きのマンションは便利である一方で、トラブルも発生しがちです。
マンション購入前に下記の項目を必ずチェックしましょう。

チェックポイント

□ 全戸分の駐車スペースを確保しているか？

⇒ 全戸分がない場合は、抽選などの公平な対策が取られているといいでしょう。

□ 近隣の駐車場料金との差は？

⇒ 希望者があふれた場合、管理組合で近隣の駐車場を借り上げて、駐車スペースを確保するなど、居住者のニーズを実現する案を考え、駐車料金の設定も周辺との相場と比較するといいでしょう。

□ 駐車場付き販売としていないか？

⇒ 販売会社が勝手に一部の区部所有者へ駐車場専用使用権として売ってしまった可能性があり、駐車場の使用を巡って入居後にトラブルになる可能性大です。

□ 駐車場料金を無料、0円としていないか？

⇒ 共有地を優先的に使用しているため、不公平とされ、トラブルの要因になることも考えられます。

□ 大型 RV 車などが駐車できるか？

⇒ 機械式駐車場のパレット（収容台）によって大型車に対応できる場合があります。駐車料金は管理組合の収入源にもなるので、駐車可能なスペースを譲り合うようにしましょう。

マイカーから、カー・シェアリング時代へ

クルマには乗りたいけれど、維持費がかかるのが悩みだという人にとって、手軽にクルマを使えるカー・シェアリング制度は大変便利です。なかには新築分譲マンションに、最初から電気自動車を導入してエコを考慮したカー・シェアリングが取り入れられている場合もあります。子供の習い事の送り迎えやお買い物のときなど、短時間だけ使うこともできるので、一度使い始めると便利だと注目を集めています。

column

住み心地のいいマンションの選び方

利便性や快適性を追い求めて購入したマンションは、いずれ設備や施設が古くなり快適性も当初ほどではなくなります。しかし、利便性が高ければ、賃貸に出す場合でもすぐに借り手がみつかりますし、売却しようとしても買い手がみつかるでしょう。ある税理士の先生は、クライアントからマンションの売買の相談を受けるときには、「駅前」もしくは「駅上」を買うようにアドバイスするといいます。駅に直結するようなマンションであれば必ず転売もできるし、賃貸としてのニーズも高いからという理由です。不動産投資としての発想ですが、転売できることが大きなメリットだと税理士先生は断言します。利便性が快適性につながることを考えれば、住み心地のいいマンションとは、投資するような視点で選ぶと失敗しないのかもしれません。

第2章 ——

新築マンションの選び方
[永住タイプ編]

「終の棲家」となる永住型マンションを希望するなら、
快適さや便利さに加え、
遮音性能やバリアフリー面などにも着目し、
より安心して住める物件を探すことです。
また、マンションライフに大きく関わってくる、
コミュニティや管理組合の活動についても、
あらかじめ知っておくとよいでしょう。

1

永住できる条件がそろうマンション

共通項は「安心」「快適」「便利」！

いまや分譲マンションを〝終の棲家〟にする時代を迎えています。郊外の戸建てに住む老夫婦が、自宅を売り払って都心のマンションに移り住むことが増えているのです。その理由は、「一軒家はメンテナンスが大変」「駅からも離れていて、買い物や病院への往来に不便だから」などがあげられます。また、なかには「いつも管理人がいて安心する」という声も聞きます。

では、永住できるマンションとはどんなイメージや条件があるのでしょうか？　インタビューをすると「安全、安心である」「一人暮らしでも孤独でない」「交通アクセスがよい」「商店街やスーパーマーケットが近い」「そばに病院がある」「食事できる店が多い」などの回答が寄せられます。共通するのは、「安心」「快適」「便利」の3つです。そのうちの快適、便利は多くの分譲マンションで目指す要素です。しかし、安心できるかどうかは必要十分を満たさない物件が多いのです。例えば、地盤は安心できるでしょうか。災害が起きたときの住人同士のコミュニティはあるでしょうか。ローンを払い終わっているにもかかわらず、修繕積立金の不足で多額の一時金の徴収がされないかも不安材料になります。特に年金暮らしでは、収入が決まってしまっているため、まとまった一時金の徴収があると、生活そのものに影響を受けます。また一時金が払えないために、自分の住んでいるマンションを売らざるを得ない悲劇的なケースも増えるかもしれません。

永住できるマンションとは、部屋の広さ、利便性だけで判断できないということです。そのマンションに長く住み続けるためには、マンション全体を見ていくことも求められるからです。共同住宅ですから、購入後は共用部分の修繕に関しては管理組合で話し合うことが必要になります。大規模修繕を最適なタイミングで適正な金額で実施できるか、また建替えをするときにもスムーズに区分所有者で合意を得られるのかなど、マンション内部での共通認識をもっていなければ小さな問題も解決できないことを念頭に置いて、マンション選びを行いましょう。隣人の職業や名前を知らなくても困らない賃貸アパートと違い、分譲マンションは、区分所有者がお互いに大家として、マンション全体のことを考えなければなりません。つまり、マンション管理に関心を持たない無責任な区分所有者がいると、マンションの資産価値を下げることになり、ほかの区分所有者の利益を損ねるというわけです。

2

永住しやすい街には、幅広い世代がいる

世代を超えた人と人との交流が、豊かな街を育む

まず、永住したいと思える街の成り立ちを知ることからはじめましょう。歴史が浅い土地は、人工的な街づくりがされるために、似たような世代、同じような家族構成になっています。例えば、多摩ニュータウンのように大規模に開発された人工的な街では、開発当時に移り住んだ人たちは老人になり、街そのものの活気が失われました。

大規模な商業施設に大手チェーン店などがひしめく街は、便利さはあっても人と人との交流機会が少なくシステマティックです。地元の商店街がある下町のような風情とはいいませんが、ファミリーや老夫婦が住み、若い学生や独身女性も住みやすい、いろいろな世代が有機的に交じり合っている街は、息づいています。新興住宅地でも住む人たちの世代が幅広ければ、長く住みやすい土地だと考えられます。駅前の商店街に地元のお店が何軒並んでいるかによって、街の活気もすぐわかります。日曜ばかりでなく平日も人の往来がほどよくあるのかも確認しましょう。幅広い世代構成比があれば、永住にもふさわしい環境だといえるでしょう。

永住しやすい街とは?

街を歩いてみて、行き交う人たちの年代層に偏りがないことが重要です。その地域に長く住んでいる人たちを中心に祭りやイベントなども行われ、分け隔てなく気さくにコミュニケーションを交わせるような街は、永住しやすいでしょう。

チェックポイント

□ **幅広い世代構成比がある街**

⇒ 受け継がれてきた地元に根ざした文化や雰囲気があります。

□ **老人や主婦、小・中・高生たちを見かける**

⇒ 10歳未満から80歳以上まで、平日もさまざまな世代が暮らしていることがわかります。

□ **交通起点となる大きな街や駅にもほどよく近い**

⇒ 大きな街とのアクセスが便利だと住みやすいといえます。複数の路線が使えると、なおいいでしょう。

□ **駅前に商店街や個人商店などがあり、活気づいている**

⇒ 昔ながらの人間関係を大事にすることがわかります。

□ **緑地公園があり、自然が残っている**

⇒ ファミリーや子供たちの憩いの場があることがわかります。

□ **古い家屋が残っている**

⇒ 家を大事にして住んでいる二世帯住宅があれば、古くからの住人が多いことがわかります。

□ **周辺に神社仏閣がある**

⇒ 地域に歴史があり、文化がある落ち着いた街だとわかります。

3

人気のエリア、便利な沿線

憧れの街には永住にふさわしい条件がある

住宅情報誌には、人気エリア、沿線ランキングなどが掲載されています。どこでも「住めば都」といわれますが、永住するのにふさわしい街はあるのでしょうか？　ここで、憧れる街が本当に永住できるところなのか、データを分析してみましょう。SUUMOの「住みたい街ランキング」のベスト10の中に山手線の駅が5つ入っています。

女性でみると、シングル、DINKS、ファミリーのいずれのカテゴリーでも吉祥寺が第1位でした。この結果から「新宿、渋谷に近く、緑地が多く文化的な香りがして子育てにも最適」という声が聞こえそうです。中央線、総武線、東西線、井の頭線の4つの路線を使えることも魅力なのでしょう。第3位の横浜も、品川、東京方面や渋谷、新宿三丁目方面へのアクセスのよさが人気の理由。どちらも利便性と自然環境のバランスが整っている点が評価の高さにつながったと思われます。大都市（駅）とのほどよい距離があり、癒やされる自然スポットがある、そういう街なら永住の地としてふさわしいでしょう。

2015年版 住みたい街（駅）総合ランキング

関東版

大型ショッピングモールがオープンして注目が集まっている武蔵小杉、駅前の開発が進む目黒が上位にランキング。鎌倉は緑の多さと湘南のイメージが人気を下支えしているのでしょう。10位以下でも起点となる大都市（駅）からほど近い街が人気という結果になっています。

1 吉祥寺〈JR中央線〉 ⇒不動の人気、憧れの住みたい街。

2 恵比寿〈JR山手線〉 ⇒セレブでおしゃれな街。

3 横浜〈JR京浜東北線〉 ⇒東京からのアクセスもよく、街並みも美しい。

4 目黒〈JR山手線〉 ⇒再開発でよみがえった高級住宅街。

5 武蔵小杉〈東急東横線〉 ⇒いま一番の注目の街。

6 品川〈JR山手線〉 ⇒新幹線の発着もあり、利便性が光る。

7 中目黒〈東急東横線〉 ⇒ハイセンスな雰囲気にあふれる街。

8 表参道〈東京メトロ銀座線〉 ⇒トレンドを発信する街。

9 池袋〈JR山手線〉 ⇒活気があって起点となる大都会。

10 新宿〈JR中央線/山手線〉 ⇒交通網の要で、あらゆるものがそろう街。

10 鎌倉〈JR横須賀線〉 ⇒湘南に近く、緑が多い高級住宅街。

12 自由が丘〈東急東横線〉

13 渋谷〈JR山手線〉

14 中野〈JR中央線〉

15 二子玉川〈東急田園都市線〉

16 大宮〈JR京浜東北線〉

17 東京〈JR山手線〉

18 三軒茶屋〈東急田園都市線〉

19 荻窪〈JR中央線〉

20 三鷹〈JR中央線〉

※ランキング部分は、SUUMO「2015年住みたい街ランキング」より一部引用

4

永住できる理想の間取りは？

スタンダードであればアレンジもしやすい

長く住むためには、人生のときどきに応じて部屋の使い分けやリノベーションによる部屋数の増減なども考えなければなりません。マンションでは躯体に関わる根本的な構造部分は一切変更できず、リフォームできる範囲に限界があります。ただし、WRC造（壁式構造・25ページ参照）でないマンションならば、壁をぶち抜いて2部屋分を1部屋にすることは可能です。中古マンションなどでも人気を得ているのは、こうした間取りの変更が可能な物件です。

例えば、ファミリーを想定した3LDKタイプなら、1部屋を子供が使い、その子供たちが巣立てば、2LDKにして夫婦二人で広めに使うという方法がありますが、構造上できるかどうかを確認する必要があります。間取りとしては、田の字型のスタンダードなものがリノベーションもしやすく、空間を広く使えるといえます。また、バルコニーが広いワイドスパン型の間取りなら、間仕切りを取り払うことで広くなり、部屋全体がさらに明るくなります。永住タイプを希望するなら、将来の間取り変更も視野に入れて選びましょう。

変更しやすい間取り

田の字型

マンションの間取りの基本ともいわれ、住まいの中心に水まわりを集めて、部屋を区切った造りです。リビングとすぐ隣につづくバルコニーに面した部屋は、リフォームすると開放感にあふれた空間ができます。

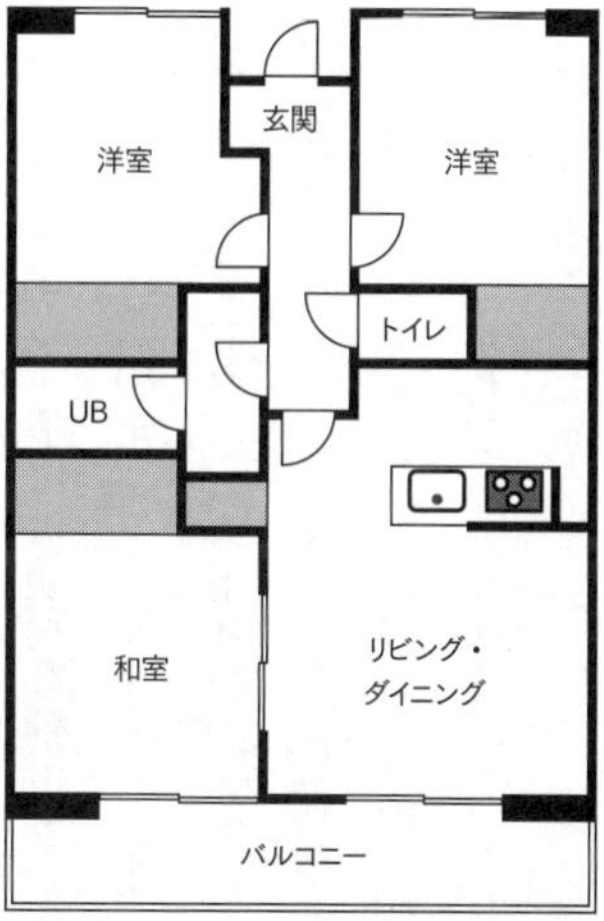

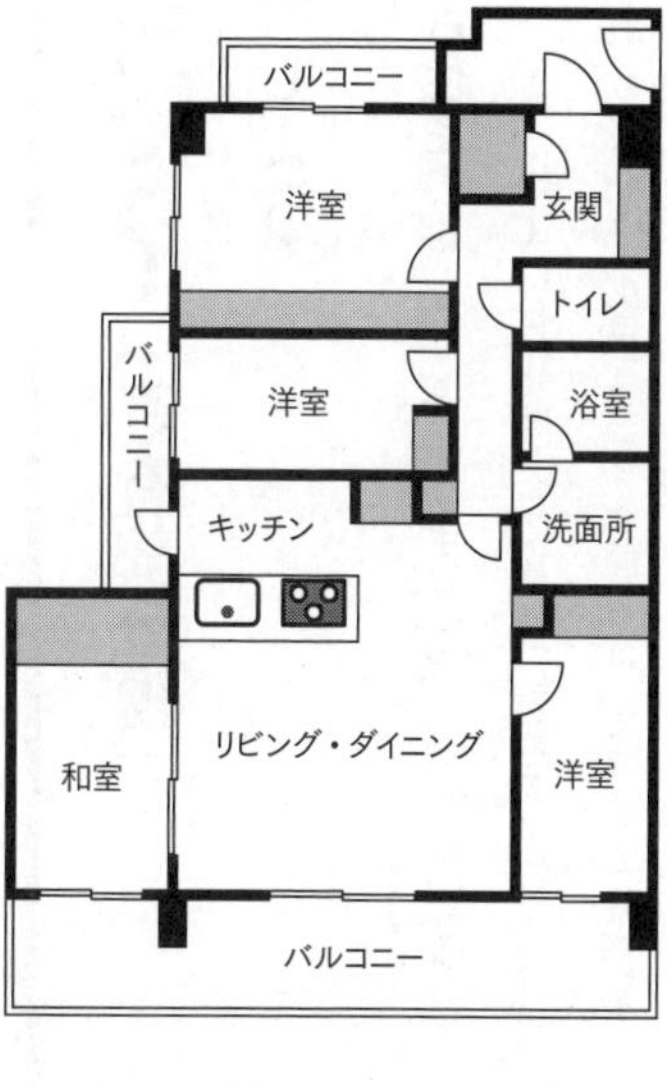

ワイドスパン型

ワイドなバルコニーで日当たりのいい、明るい空間が確保できる間取りです。バルコニー側の洋室とリビング・ダイニングの壁を取り払えば、より広い空間になります。

5

ムダのない設備設計とは?［専有部分編］

自分にとって必要最小限の設備から検討しよう

永住できるマンションとは、最新設備がそろっている住宅のことではありません。新しい設備は便利で使うと快適ですが、次々と新モデルが登場して、いま以上に進化するのは目に見えています。むしろ最新設備に振りまわされない、落ち着いた暮らしができる必要十分の設備があることが重要でしょう。例えば、専有部分の設備には、標準装備のものとオプション装備のものがさまざま用意されています。しかし、中には便利な割にランニングコストがかかりすぎてムダな設備も少なくありません。そこで、設備のチェックもしておきましょう。

まずはキッチンまわり。ビルトイン浄水器はカートリッジ交換が必要で、ランニングコストがかかります。交換サイクルやカートリッジの値段も知りたいところです。最近は飲料水用にウォーターサーバーを導入する人も多いので、料金の比較もしてみましょう。オーブンや自動食器洗浄機は、ビルトインタイプにすれば収納面ではすっきりしますが、故障や交換のときに選択できるメーカーや製品が限られることもあります。

本当に必要な設備かチェック

新築マンションは最新設備がそろうため、快適な暮らしをさらに豊かにしてくれると期待しがちです。実際は、ほとんど使わずにいたり、ランニングコストがかかりすぎるという事情で使わなくなる場合もあります。最低限必要なものに絞りましょう。

チェックポイント

□ ビルトイン浄水器

⇒ カートリッジの使用期間、交換カートリッジの費用の確認を。

□ 床暖房

⇒ ファンヒーターやエアコンのようにホコリを舞い上げないメリットがあるものの、使い過ぎると月額2万円以上の料金になることもあります。コスト面を考えて選ぶことが大切です。

□ IHクッキングヒーター

⇒ 火を使わず手入れも簡単で清潔。しかし、料理のタイプによってはうまくできないこともあります。電磁波の発生も問題視されています。

□ ディスポーザー

⇒ キッチンで出る生ゴミを粉砕して流してくれ、ゴミ出しを気にしなくてすみますが、稼働音が大きく、メンテナンスの維持費がかかります。

□ ビルトイン・オーブン

⇒ システムキッチンに組み込まれたオーブン。デザインの統一感はありますが、機能面や使い勝手のよさは疑問で、修理も面倒です。

□ 自動食器洗浄機

⇒ 最近、増えてきたキッチン設備の1つ。一度に大量の食器を洗浄するのは便利ですが、専用洗剤を使い、電気代もかかるのがデメリット。通常のガラス食器は割れやすいのも難点です。

□ ミストサウナ付き浴室暖房乾燥機

⇒ 呼吸が楽で、衣類脱臭機能やカビ抑制機能も装備しています。しかし使用頻度によってランニングコストがかかります。

6

ムダのない設備設計とは？［共用部分編］

誰のための共用部分なのかを確認しよう

マンション内の共用部分に設けられた設備や施設は、そのマンションの大きな魅力となることもありますが、必ずしもメリットばかりではありません。あるタワーマンションでは展望のよい上階にビューラウンジやスパをつくり有料で利用できるようにしています。また、ホテル仕様のゲストルームのほか、子供のためのキッズスペースや仕事にも使えるライブラリーを併設していたり、フィットネスジムやキッチンスタジオ兼パーティールーム、バーラウンジなど、リゾートホテルのような豪華な設備・施設がそろっています。しかし、こうした設備や施設はランニングコストがかかり、長期にわたって維持することが難しいといえます。共用部分ですから、その保守メンテナンスに関しての費用は区分所有者が負担することになります。

ムダのない設備とは、維持管理から故障や交換まで含めたトータルコストを考えたときに、区分所有者に大きな負担とならないものです。理想はメンテナンスフリーやランニングコストがゼロに近いものといえます。そういう意味で設備が豪華すぎるマンションは永住には向きません。

設備・施設が豪華すぎないかチェック

さまざまな共用設備は便利な反面、維持費も高額になり、その負担を区分所有者がしなければなりません。そのため、築10年を過ぎる頃から、利用の一部制限や設備の廃棄を検討するケースも多くなります。機械式駐車場は見直し設備の筆頭です。

チェックポイント

□機械式駐車場

⇒ クルマを所有している人には便利な設備ですが、
平置きタイプと違い、保守点検費用や修理が高額になります。取替費用は１パレット（クルマを乗せる台）あたり100万円といわれます。

□ スパ、プール

⇒ 居住者用で有料利用となります。利用者がいても、維持費がかかり、いつまで運営できるのか判断できないため、永住向きマンションには不要でしょう。

□ コンシェルジュ・カウンター

⇒ 管理員とは別に、専任のコンシェルジュが常駐し、いろいろな要望にこたえたり、アドバイスなどをしてくれます。しかし、管理員以外の人材確保のため、人件費がかさみます。

□ フィットネスジム

⇒ 住人専用のフィットネスジムやスパがある場合、その維持費が住人の負担となります。フィットネス企業が出店という形態であれば、赤字になると撤退ということも考えられます。

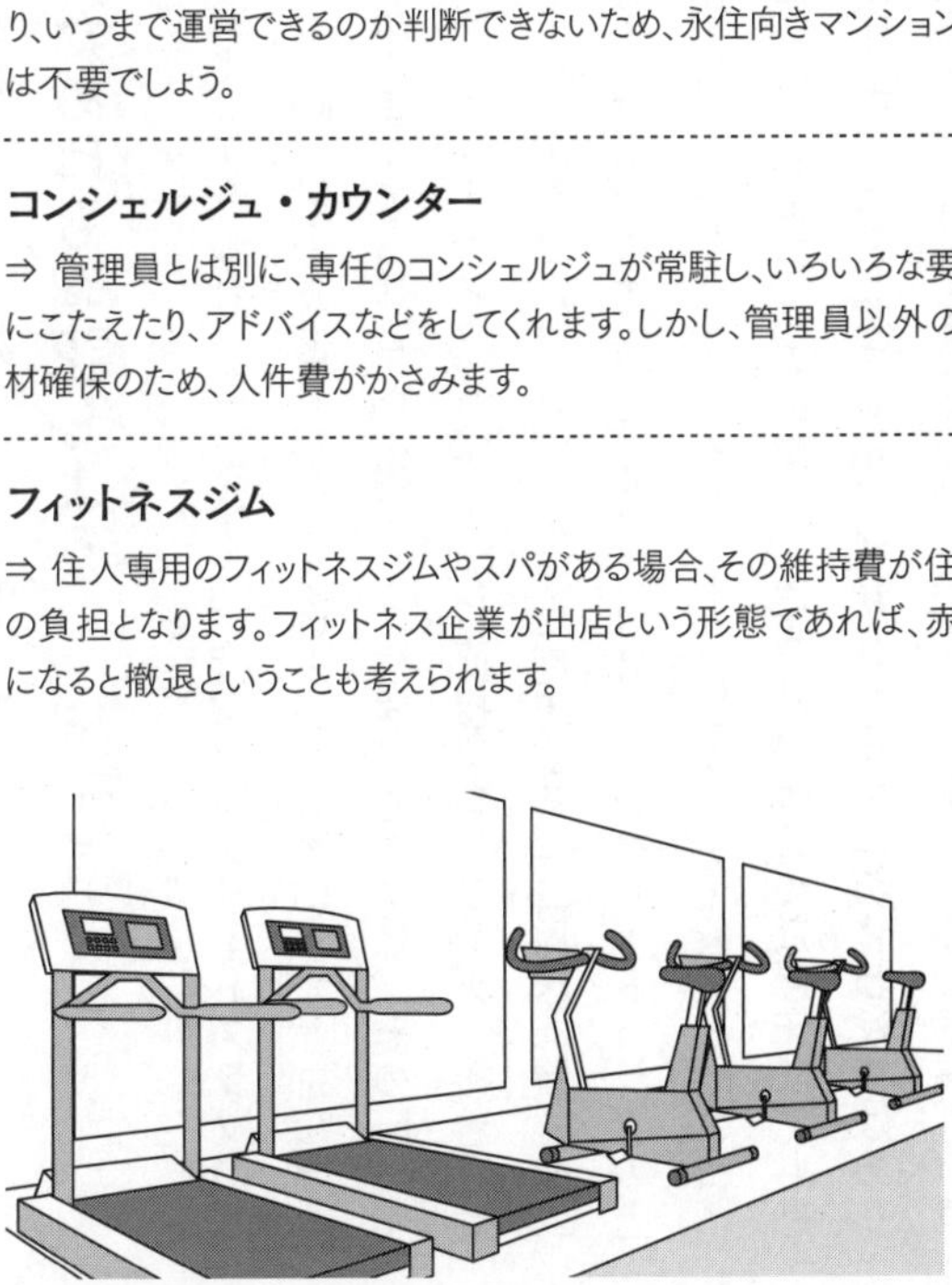

7

生活音の漏れを防ぐ床の施工

近隣との音トラブルを避けるためにも確認しよう

マンションでトラブルとなる三大原因の１つが音漏れ。これを防ぐには、コンクリートスラブの厚みが１８０㎜以上とされていますが、２００㎜の厚みがあればなおよいといわれています。この厚みも確認しましょう。さらに床の施工の方法によっても遮音性が違ってきます。ここでは、その床の施工法について見てみましょう。１つめはコンクリートスラブ（※１）に直接フローリングを接着させる「直張り」です。２つめがコンクリートから少し浮かせた高さに床を施工する「二重床（置き床）」、３つめは直張りと二重床の中間にあたるような「浮床工法」です。これは、コンクリートスラブの上に、グラスウール（※２）などの緩衝材を入れてモルタルコンクリートではさみ、カーペットやフローリングで表面を仕上げる工法です。最近では、防振ゴムを採用し、遮音効果を高めた浮床工法もあります。遮音効果に優れているのは二重床工法といわれますが、音漏れを完全に防ぐわけではありません。最近はコンクリートスラブの厚みが２００㎜を超えた物件が多く、直張りでも音漏れが気にならないというケースもあります。

※1　コンクリートスラブ：床や壁の躯体になるコンクリート板のこと。
※2　グラスウール：ガラス繊維を綿状にしたもので、吸音性があります。

マンションの床の施工法

床の施工方法の違いだけでなく、仕上げがていねいで的確でなければ音漏れしやすくなります。例えば、二重床で音漏れが大きいときは、施工に問題があると考えられます。コンクリートスラブの厚みがあれば、直張り工法でも音漏れしにくいとの報告もあります。

● 直張り工法

コンクリートスラブにフローリングとクッション材を直接張り付ける工法。コンクリートスラブの厚みがないと音の響きが大きくなりやすいのが特徴です。

● 二重床（置き床）工法

コンクリートスラブとフローリング板の間を支持足で支える工法。コンクリートスラブには支持足しかついていないので、フローリングの響きがダイレクトに伝わりにくくなります。

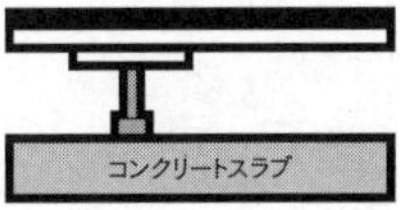

● 浮床工法

コンクリートスラブとフローリングの間にグラスウールなどの緩衝材を挟むことでクッション性を持たせ、同時に音の響きを吸収する工法。最近では、グラスウールの代わりに防振ゴムを挟んで、より遮音性能を高めたものもあります。

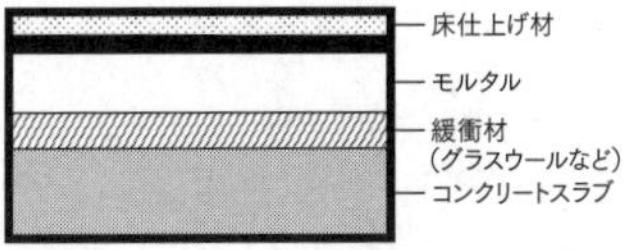

特に高層タワーマンションでは、軽量化のために隣戸との境に乾式壁（石膏ボード）を採用するのがほとんどですが、コンクリート壁と同様の遮音効果は得られません。音漏れは施工方法だけでなく、物件、階数など条件が複雑に関わりますので、決定的な解決策はありません。

8

床材の遮音等級について①

遮音性能の高いフローリング材を選ぼう

コンクリートスラブの厚み、床の施工方法で遮音性が変わると前ページで説明したので、ここでは床材選びについて確認します。実は、マンションに使うフローリング材には規格があり、衝撃音をやわらげる「遮音等級別」に分けられ、「LL-45」や「LH-55」のように区分表示されていました（この表示を「推定L値」といいます）。ところが、各床材メーカーの製品の性能にばらつきがあったために、2008年以降は、同一条件の試験結果によっての性能評価をすることになり、旧来の遮音等級別表示は撤廃されました。

しかし、建築現場では旧来の遮音等級別表示がいまだに使われています。リフォームの場合でもマンション管理組合の規定により、床材では「LL-45」または同等以上のものを使うことと明示されるケースもあります。そこで、ここでは旧来の遮音等級別の内容をあえて取り上げ、また現状の遮音等級を示す「ΔL等級（デルタ・エルトウキュウ）」についても理解しやすいように76～77ページにまとめました。フローリング選びの参考にしてください。

旧来の遮音等級と住宅における生活実感との対応例

旧来の遮音等級（推定L値）は、ある条件のもとでの音の遮音性を推定するものです。例えば、L-40のフローリング材を使ったから、まったく音が聞こえないほど遮音性が高くなったとはいえませんし、遮音性を保証するということでもないのです。部屋という空間における遮音性を発揮するだろうという、推定値としてしか得られなかったために、「推定L値」と呼ばれるというわけです。

音に関しては、施工上の技術とコンクリート床の厚みなどさまざまな要素が影響し合います。そのため、マンションリフォームを専門に改修工事をしている建築家によれば、旧来のL-45以上のフローリングをすすめているということです。

椅子が移動するときの音、 物が落ちる音など ⇓ **軽量床衝撃音［LL］**	遮音 等級	人が走り回ったり、 とび跳ねたりしたときの音 ⇓ **重量床衝撃音［LH］**
ほとんど聞こえない	L-40	遠くから聞こえる感じ
小さく聞こえる	L-45	聞こえるが気にならない
聞こえる	L-50	小さく聞こえる
発生音が気になる	L-55	聞こえる
発生音がかなり気になる	L-60	よく聞こえる
うるさい	L-65	発生音がかなり気になる

日本建築学会『建築物の遮音性能基準』(『建築物の遮音性能基準と設計指針』
日本建築学会編・1999) より一部引用。

遮音等級が低いほど、遮音性は高くなります。なお、食器を落としたりスリッパで歩いたりする程度の軽い生活音は、「軽量床衝撃音（=LL等級）」としてとらえ、子供がとび跳ねたりしたときのある程度の重量の音漏れを「重量床衝撃音（=LH等級）」として区分けしています。

9

床材の遮音等級について②

床材の品質性能と遮音効果は違う

前ページで、旧来の遮音等級別の話を紹介したので、ここでは、2008年4月以降に使われている「ΔL等級（デルタ・エルトウキュウ）」について簡単に触れておきましょう。これは、ある実験条件下においてフローリング材をたたくことで、どの程度の遮音性があったかを測定したものです。つまり、フローリング材単体の遮音性能を保証するものとなったのです。

しかし、遮音性のある床材を使ったからといって、階下への遮音効果を保証しているわけではないのです。これが厄介なところで、その遮音性を発揮させるためには、床施工とコンクリートスラブの厚みが大きく関わります。二重床施工と合わせた場合に、床材の遮音性能が発揮されるというわけです。フローリング材の遮音性能については、各メーカーなどでも旧来の遮音等級と新しい遮音等級の表示が混在している場合があります。旧来の遮音等級は理解しやすく表記できたことで広まりましたが、新規準はなかなか浸透しない状況です。推定L値がΔL等級に換算できないことが問題なのでしょう。

ΔL等級による遮音性等級

推定L値よりも具体的な事例で示せないのが、ΔL等級の歯がゆいところです。1つの目安として、スラブの厚みが200㎜以上あれば、フローリング材は、「LL-45以下（ΔLL（I）4以上）、LH-50以下（ΔLH（I）3以上）」（※）を選んでおくのがいいでしょう。

また、最近では二重床よりも、直張りしたフローリング材が遮音性能を発揮するという見解も増えています。音に関する感じ方は個人差も大きいため、正確にはわからないこともあります。いずれにしてもコンクリートスラブ厚が厚いことと、しっかりと二重床にしていれば、遮音効果は期待できるということです。

※床材のカテゴリーによって、実験室での床衝撃音レベル低減量の試験方法が異なるため、ΔLL等級・ΔLH等級を表記する際、床材のカテゴリーをカッコ書きで区別しています。
例）カテゴリーI（直張り防音フローリング、カーペット塩ビシート）：「ΔLL(I)－〇等級」
カテゴリーII（乾式二重床、発泡プラスチック床、浮き床、畳）：「ΔLL(II)－〇等級、ΔLH(II)－〇等級」

ΔLL等級の基準

ΔLL等級に関する軽量床衝撃音レベル低減量の基準値

表記する等級	軽量床衝撃音レベル低減量の下限値				
	125Hz帯域	250Hz帯域	500Hz帯域	1kHz帯域	2kHz帯域
ΔLL-5	15dB	24dB	30dB	34dB	36dB
ΔLL-4	10dB	19dB	25dB	29dB	31dB
ΔLL-3	5dB	14dB	20dB	24dB	26dB
ΔLL-2	0dB	9dB	15dB	19dB	21dB
ΔLL-1	-5dB	4dB	10dB	14dB	16dB

ΔLLは軽量床衝撃音に対する低減性能の等級。実験室で測定された軽量床衝撃音レベル低減量が左記の表の基準（下限値）を満たすとき、その床材には該当するΔLL等級が表記できます。

ΔLH等級の基準

ΔLH等級に関する重量床衝撃音レベル低減量の基準値

表記する等級	重量床衝撃音レベル低減量の下限値			
	63Hz帯域	125Hz帯域	250Hz帯域	500Hz帯域
ΔLH-4	5dB	-5dB	-8dB	-8dB
ΔLH-3	0dB	-5dB	-8dB	-8dB
ΔLH-2	-5dB	-10dB	-10dB	-10dB
ΔLH-1	-10dB	-10dB	-10dB	-10dB

ΔLHは重量床衝撃音に対する低減性能の等級。実験室で測定された重量床衝撃音レベル低減量が左記の表の基準（下限値）を満たすとき、その床材には該当するΔLH等級が表記できます。

※一般財団法人日本建築総合試験所ホームページ『床材の床衝撃音低減性能の等級表記指針』より一部引用

10

将来を見据えたバリアフリー対策

高齢になっても暮らしやすい住環境なのか?

永住できるマンションは、住む人のライフスタイルの変化に対応できることも大切なポイントです。その1つがバリアフリーでしょう。まず室内の床がフルフラットであること。リビングから和室への移動、バスルームとも段差がないかを確認します。そして人感センサー付きの玄関照明であれば、両手がふさがっていても明かりがつくので便利ですし、各部屋のスイッチ類は使いやすい幅広で大きいものであればバリアフリー対策として十分でしょう。

また、玄関ドアは扉の開く方向にハンドルを押す・引くのワンアクションで操作できるプッシュ・プルタイプであれば、出入りも簡単になります。さらに水まわりでは、低床式ユニットバス(浴槽の高さが450㎜以下)を採用することで、大股ぎしなくても浴槽への出入りもスムーズです。低床式ユニットバスの良さは、掃除のときも深く前屈みにならずに洗えるので、体への負担も小さくなります。このほか、車椅子でも動きやすい廊下幅になっているか、使いやすい手すりの配置であるかも確認しておきましょう。

バリアフリー対策は万全か？ チェックポイント

専有部分

● 浴室

□ 段差がないか？

□ 低床式ユニットバス（浴槽の高さが450㎜以下）か？

□ 滑りにくい材質の床か？

□ 手すりを取り付けられるか？

● 照明

□人感センサー付きか？

● スイッチ

□ 大きさがあり、押しやすいか？

□ オン・オフの状態がわかりやすいか？

● トイレ

□ ドアは外開きか？

□ 手すりを取り付けられるか？

● ドア

□ プッシュ・プルタイプか？

● その他

□ フルフラットフロアか？（部屋の間に段差がないか？）

□ 廊下の幅は内法で780㎜以上あるか？

□ コンセントの位置は低すぎないか？（腰をかがめずにすむか？）

□ 和室の押入れ（中段）の高さ（65㎝）は使いやすいか？

共用部分

● 出入り口

□ スロープを設置しているか？

● 階段・廊下

□ 手すりが付いているか？

□ 滑り止めが付いているか？

□ 点字ブロックが付いているか？

● エレベーター

□ 車いすが入るスペースがあるか？

□ ボタンが低位置で車いすの人でも押しやすいか？

□ ボタンに点字表記があるか？

温度差の解消もバリアフリー

室内の段差をなくし車椅子でも自由に動けるようにしたり、手すりを設置するのは、バリアフリー対策の１つ。これは物理的な問題ですが、トイレのバリアフリーも考えたいポイント。高齢者にとって夜中のトイレは突然死を招くきっかけになっています。その原因は、居室とトイレの気温差。暖房している部屋から暖房のないトイレに入る気温差が心臓への負担を瞬発的に大きくするためといわれます。この温度差を解消することも大切なバリアフリーになります。トイレに暖房器機を設置するために、コンセント口が用意してあるかも必ずチェックしておきましょう。

11

アレルギー体質なら、シックハウス対策

発症するリスクがないか、あらかじめ確認しよう

新築マンションやリフォーム時に起きるシックハウス問題。建材に含まれる化学物質の影響で頭痛や吐き気などのアレルギー症状があらわれます。特にマンションは気密性が高いために、シックハウスが深刻な社会問題として取り上げられました。２００３年7月、建築基準法の改正によってシックハウス対策が盛り込まれ、以後おもな原因とされていた有機リン系のクロルピリホスや毒性の強いホルムアルデヒドが規制されました。これによりシックハウスは少なくなりましたが、ほかにも有害物質があり、完全に解決したわけではありません。もともとぜんそくやアトピーなどアレルギー体質の人にとっては、低刺激の薬剤や化学物質でも症状を悪化させる場合があります。実際に接着剤や塗料の溶剤として使われるトルエンを使って施工した結果、めまいや頭痛、吐き気を訴える事例も近年起きています。いま、分譲されている新築マンションはファンのついた機械換気の設置が義務づけられているため、シックハウスは起きにくくなっています。それでも機械に頼らず、窓を開ける意識的な換気も必要です。

ホルムアルデヒド対策について

2003年7月、建築基準法の改正に基づき、シックハウス対策が行われることとなりました。ホルムアルデヒドについては建材、換気設備の規制がもうけられています。

対策1 内装仕上げの制限

建築材料の区分	ホルムアルデヒドの発散	JIS、JAS などの表示記号	内装仕上げの制限
建築基準法の規制対象外	少ない 放散速度5μg/㎥h以下	F☆☆☆☆	制限なしに使える
第3種ホルムアルデヒド発散建築材料	5〜20μg/㎥h	F☆☆☆	**使用面積が制限される**
第2種ホルムアルデヒド発散建築材料	20〜120μg/㎥h	F☆☆	**使用面積が制限される**
第1種ホルムアルデヒド発散建築材料	多い 120μg/㎥h超	旧E_2,Fc_2 又は表示なし	**使用禁止**

ホルムアルデヒドによる体への害を防ぐため、内装に使用する木質建材など(※)の使用規制が設けられています。また、これら建材にはJIS、JASまたは国土交通大臣認定による等級がつけられています。

※木質建材(合板、木質フローリング、パーティクルボード、MDFなど)や壁紙、断熱材、接着剤、塗料、仕上塗材など

対策2

換気設備設置の義務付け

ホルムアルデヒドを使用した家具の設置も考えて、原則としてすべての建築物に機械換気設備の設置が義務付けられています。住宅の場合、換気回数0.5回／h(※)以上の機械換気設備(いわゆる24時間換気システムなど)の設置が必要です。

※換気回数0.5回／h：1時間あたりに部屋の空気の半分が入れ替わること

対策3

天井裏などの制限

天井裏や床下などから居室へのホルムアルデヒドの流入を防ぐため、使用する建材の制限や機密層や通気止め、天井裏の換気が必要となります。

❶ 建材による措置	天井裏などに第1種、第2種のホルムアルデヒド発散建築材料を使用しない(F☆☆☆以上とする)
❷ 気密層、通気止めによる措置	気密層又は通気止めをもうけて天井裏などと居室とを区画する
❸ 換気設備による措置	換気設備を居室に加えて天井裏なども換気できるものとする

※国土交通省『改正建築基準法に基づくシックハウス対策』資料・改

12

後悔しない住居の位置と快適度

部屋の向きと日当たりを気にする人には

購入したいマンションを絞ったあと、次にどの部屋がいいか悩むものです。では、1棟のマンションの中で、どの位置が住みやすいのでしょうか。多くの場合、建物は、L字型、I型、コの字型になっています。日当たりを考えれば、東南角部屋がベストでしょう。次は階数ですが、これも日当たりを考慮して3階以上で最上階未満。最上階は屋根（屋上）への照りつけが影響して冷房がききにくいといわれます。I型では、全戸南向きという物件もあり、こちらも日当たりをセールスポイントにしています。価格とのバランスを考えると西向きと東向きも魅力があります。午前中に日があたる東向き、午後の西日が射す西向きか。昼間は不在が多いという場合は、朝に日が当たる東側を選び、日中家にいるなら午後の日当たりが長い西側がいいでしょう。

階数で快適なのは最上階の1つ下で、さらに両隣に挟まれた部屋にすると、冬は暖かく夏は涼しいという声もあります。専用庭がある1階もガーデニングができるので捨てがたい候補。あとは周辺環境をよく見て絞り込んでみましょう。

ライフスタイルに合った位置選びのヒント

日当たりにこだわる人は、日の当たる時間の長さを基準にして南、南東、東、西、北の順に向きを希望します。東は午前中に、午後は西向きに日がよく当たります。部屋にいる時間帯にあわせて部屋の向きを検討してみましょう。

▶ **昼間働いていて不在が多い**

⇒ 朝、日当たりのいい東側が○。

▶ **日中家にいることが多い**

⇒ 午後の日当たりの長い西側が○。

▶ **自宅で仕事をしていることが多い**

⇒ 朝から午後にかけて日当たりがいい東南角が○。

高層タワーマンションで引きこもり？

眺望のよさとホテル並みの管理仕様で人気の高層タワーマンション。設備、施設も最先端なものを導入して目をひきますが、子育てには向かないとの見解もあります。というのも、1階から5階の低層住宅に住む幼児たちと14階から23階の高層住宅に住む幼児たちのデータを取り、比較してみると、あいさつや排便がうまくできなかったり、小中学校へ上がって不登校になるなど自立が遅れる傾向がみられます。必ずしも高層マンションの上層階に住むと子供の成長が遅くなるわけではありませんが、外遊びを積極的にさせるようにする必要がありそうです。

13

マンションの工期を確認する

仕上がりが雑になっていないか、工期から推測する

マンションの工期を確認する理由は、建物そのものの品質を左右するからです。「短い工期のマンションは危ない」と、現役の現場監督も指摘します。マンション建設工事はそれぞれの物件ごとに条件に細かい違いがあります。例えば、10階建てなら着工から12カ月ほどで完成する場合もあれば、15カ月で完成する場合もあります。しかし、これを10カ月で完成したとすれば、工期短縮のために何かしら手を抜いた可能性が出てきます。例えば、コンクリートの養生や下地の乾燥期間を十分に取らずに次の工程に取りかかったり、作業を急ぐあまり施工が雑になるために品質低下を招いてしまうのです。

では、適正な工期とはどのくらいを指すのでしょうか？　ある不動産会社の営業マンは建物の階数に、2、3カ月を足すといいます。つまり、10階建てなら、通常は12カ月から13カ月で完成となります。また、3月に完成、入居予定となっている場合は、新年度を新居でスタートさせるという営業トークもあるので、無理した工期でないことを確認するといいでしょう。

マンションの品質を語る工期の目安

マンションの階数、建築工法、計画内容によって、工期は異なります。しかし、おおよその目安になる工期は階数と連動すると考えられます。工事着工日がわからない場合でも、物件概要の欄から「入居時期（完成予定年月）」「構造・階数」「建築確認番号の年月日」の3つがわかれば、工期の目安を求めることができます。

工期の目安の求め方（20階以下の中高層マンションに限る）

1
- 入居時期（完成予定年月）
- 構造・階数
- 建築確認番号の年月日　の3つを調べる。

2 入居時期（完成予定年月）から建築確認番号の年月日をひく。

3 **2**で求めた数字が階数よりプラス2～3カ月であれば、適正工期に近いと推測できる。

計算例

● SRC構造 14階

竣工日		建築確認		
2015年5月20日	−	2014年1月20日	=	16カ月間の工期となります。

14階建てなので、+2～3カ月内の工期となり、適正工期の目安範囲だと考えられます。

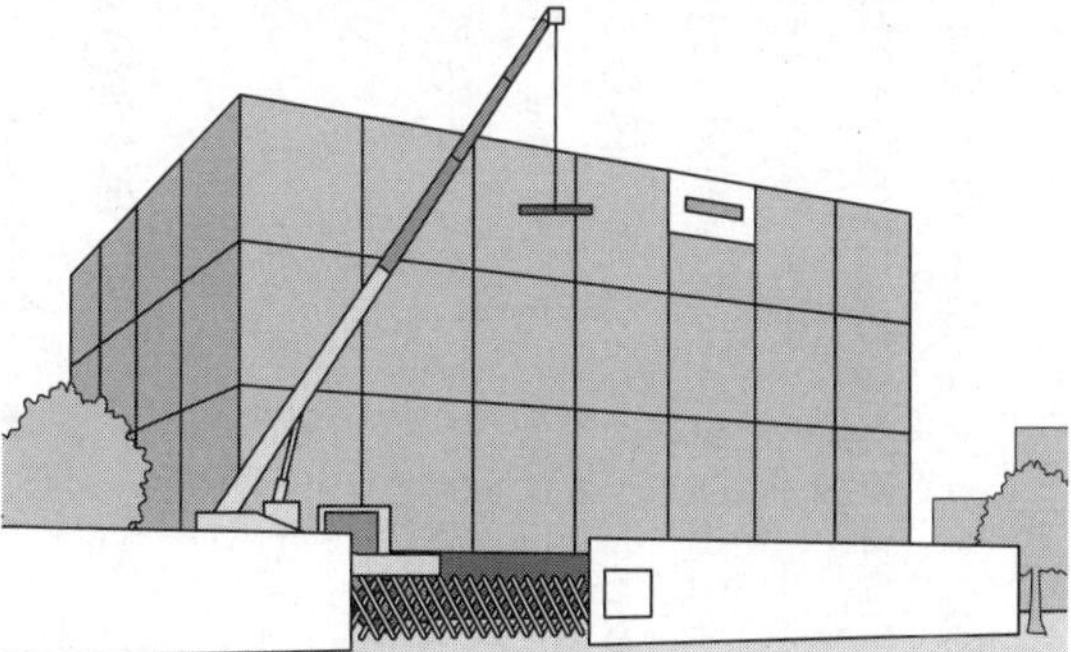

!

公共事業では無理のない適正工期を確保するために建設稼働日を「4週8休」としています。しかし、民間の現場では4週4休で工期の短縮を図ることも少なくありません。稼働日がどういうサイクルかも聞いてみましょう。

14

住人の交流でコミュニティが広がる

あいさつを交わす、なごやかな住環境づくりのために

最近は、デベロッパーが率先してマンション購入者たちに働きかけ、居住者同士のコミュニティを支援するケースも増えてきました。特に広い敷地に複数のマンションが建ち、1000名以上の入居者が集うところでは、新しい居住者同士の交流を深めるための各種イベントを開催し、サークル活動も盛んです。これは、「このマンションに住んでよかった」「理想の住まいを見つけた」「やりがいのある活動に参加できた」という気持ちを持ってもらうための住環境づくりの一環でもあるのです。新居に住む前から地域になじんだり、同じマンション居住者と交流を持てる場を提供することで、自然と交流の輪が広がり、よりよいコミュニティが形成されるというわけです。

ある大規模マンションでは、コミュニティ運営のための組織が結成され、茶話会やヨガ、親子英会話、書道など、いろいろなテーマで入居前から交流をはじめた実例もあります。これからのマンション選びは、そこに住む人が笑顔になれるコミュニティがあることもポイントになりそうです。

コミュニティ形成のためのヒント

開発規模の大きなマンションや高層タワーマンションでは、入居前からイベントなどでコミュニティづくりをデベロッパーがサポートしている場合もあります。また、中小規模のマンションでもちょっとしたきっかけでコミュニティを広げることができます。例えば、子供を持つ母親同士なら声もかけやすくなります。もし、地域にサッカー教室や少年野球チームがあるなら、子供を見学に誘ってみてもいいでしょう。町内会のお知らせを回覧するのをきっかけに、お隣に声をかけることでも交流のきっかけになりますし、サークルや同好会を立ち上げるのも1つの方法です。

このように居住者同士のコミュニティ形成と交流を深めることも、永住できるマンションの要素になります。

サークル活動の一例

子育てサークル

近い年齢の子供がいる家庭なら、子育て・学校の話題などがきっかけで交流できます。

ガーデニンググループ

老若男女を問わず、園芸に関心のある人たちで中庭の植栽などを行います。植栽活動を通じ、交流を深められます。

ペットサークル

ペットという共通の話題で、交流のきっかけが生まれます。

イベントの開催で交流

入居後は管理組合の理事会が中心になって、エントランスホールや中庭、集会室などでイベントを開催するケースもあります。バーベキュー、夏祭り、Xmasパーティーなどを実施して、居住者同士の交流を広げます。

15

マンション管理のいい形態は？

管理会社任せにせず、居住者が住環境に関心をもつ

マンション管理には、業務を丸投げする「一括管理」、業務を部分的に委託する「一部管理」、住人たちで管理する「自主管理」の３つの管理形態があります。ところが、分譲時に建物のコンセプトと合わせて管理の内容も管理会社も決まってしまっています。本来のマンション管理は、区分所有者が結成する管理組合がしなければならないのですが、管理組合はマンションを購入したばかりの人たちの集まりで、マンション管理のノウハウもありません。そこで管理組合をサポートする管理会社が登場してくるのです。つまり、管理組合から業務を委託された、いわば便利屋的存在だと考えるとわかりやすいでしょう。

分譲当初は一括管理でスタートします。どの管理形態がいいのかは、入居後に管理組合でよく考える必要があります。あくまで管理の主役は管理組合にあるのです。いずれにしても管理組合の一人ひとりがマンション管理に関心をもって、いい住環境にしようとする姿勢があれば、安心して長く暮らしていけるマンションになるのです。

マンションの管理形態

管理会社はデベロッパーの子会社、またはグループ関連会社がほとんど。管理委託内容、管理規約まで用意されています。マンションに永住するつもりであれば、マンション管理に関心をもって、居住者のよりよいコミュニティをつくる努力も必要になります。

一括管理

管理会計から管理員の派遣、定期清掃、消防点検、エレベーターや機械式立体駐車場の保守メンテナンスまで、あらゆる業務をまとめて委託する管理方法です。

部分管理

会計業務や管理員の派遣などを除き、管理組合が各業者と直接契約して管理する方法。業者手配等で手間は少しかかるが、大幅なコストカットにつながります。

自主管理

管理会計から各種点検業者の手配まで、管理組合が引き受ける管理形態。コンサルタントやマンション管理士のアドバイスを受けながら自分たちで管理に取り組みます。

16

マンション管理費と修繕積立金の違い

当初に設定された修繕積立金だけでは、いずれ不足する

物件概要にも表記される「管理費」と「修繕積立金」。これらをまとめて管理費と称することもありますが、厳密にはまったく性質の異なる費用です。管理費は、おもに管理委託費で、管理員費用や設備の保守点検費用だと考えましょう。それに対して、修繕積立金は、いずれ老朽化して修繕や修理が必要になったときに備えるための費用です。

マンションでは、築10年から13年の間で大規模修繕を実施します。これは、屋上の防水加工や外壁タイルの浮きなどで崩落の危険がある箇所を修理するほか、錆びた鉄部の塗装、給水ポンプのオーバーホールなど、建物全体の傷みをリセットするための修繕工事です。その費用は数千万から億単位になります。その大規模修繕工事に備えて、修繕積立金が管理費と別に設定されているのです。しかし、いざ工事計画がすすむと予算が足りずに一時徴収金として数十万円から数百万円を集めることも多くみられます。だからこそ、修繕費用をどうやって増やすかが大きな問題になり、どの程度必要かを確認することが大切になるのです。

管理費と修繕積立金の違いを知る

管理費

毎月かかる管理業務費用。
一括管理の場合、管理会社への委託料にあたります。

［主な内訳］

- 管理委託業務（経理業務を含む管理）
- 管理員の人件費
- 共用部分の電気代
- エレベーター／機械式駐車場の保守費用
- 定期清掃費用
- 消防点検費用（年2回）

修繕積立金

共用部分の修理・修繕に使われ、マンション住まいを続ける限り払い続ける費用です。「修繕積立金」を積み立てているから、修繕工事費用は賄えると思っていると後で後悔します。名目ばかりの数千円程度の積立てでは、修繕が必要なタイミングで十分な工事ができず、かえって建物の老朽化を促進する場合があります。一時徴収金で資金不足を解決していては無計画だといわれても仕方ありません。修繕工事費用を潤沢に積み立て、適正なタイミングで必要な工事ができるのが、永住できるマンションだといえます。

17

マンションの規約を知る

契約前に入手して読んでおこう

マンションには「管理規約」があります。これは、マンションの管理または使用に関する事項等について定めることにより、区分所有者の共同の利益を増進し、良好な住環境を確保することを目的とする、いわゆるルールブックにあたります。契約前に入手できるので、ぜひ読んでおきましょう。

管理規約では、専有部分、共用部分の区分がどのように表記されているか確認しておくことが大切です。万が一事故などで保険申請をする際には、事故エリアが専有部分か共用部分かによって適用される保険が違うからです。専有部分であれば個人の保険が適用され、共用部分が原因なら管理組合の保険が適用されるようになります（２３０〜２３３ページ参照）。

また、管理規約の中で確認しておきたいのは、音問題とペット問題です。マンションの居住者同士のトラブルになりやすいので、しっかりチェックしておきましょう。例えば、ピアノの練習などは夜の何時までが限度になっているのか、またペットは種類や大きさなどで制限を受けるのかどうか。また、ペットの飼い方で、エレベーター内では抱き上げて乗降するなど、細かな規定があるかもしれません。

専有部分と共用部分の区分はどうなっている?

マンションでは共用部分を壁芯基準(壁芯からとする)か、上塗り基準(壁のクロスのすぐ下からとする)かなど、厳密な区分をしておくことがポイントです。専有部分との区分が明確でないと、管理組合の保険が適用されないことになります。

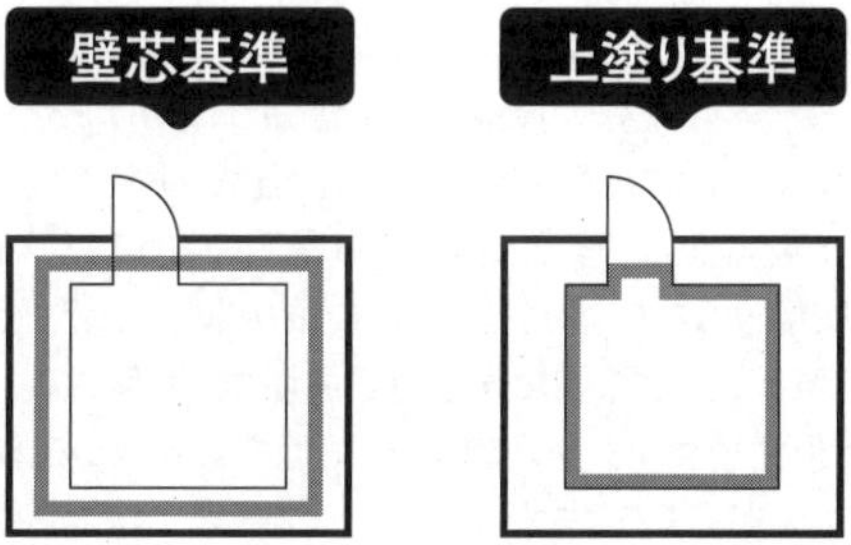

管理規約はココをチェック

チェックポイント

□ 生活音

⇒ 「ピアノやギター演奏などは、夜の○時までとし、ステレオ等の音楽鑑賞の音に関しても節度ある音量で再生しましょう」など、マンション全体のルールとして共通認識を持ちましょう。また、足音やドアの音も響く場合があり、隣近所や上下階の居住者とは挨拶を交わすなど、日頃からの交流がトラブル回避につながります。

□ ペット問題

⇒ 規約の中でペットに触れていない場合、まず「飼育は専有部分のみで、共用部分では必ず飼い主が抱き上げるようにする」などのマナーをルール化します。また、ペット可の場合でも、種類や数、大きさなどの制限をもうけることも検討しましょう。

column

永住型マンションの壁と遮音性について

最近の新築マンションでは、コンクリート壁の厚さが平均200㎜といわれますが、壁が厚くなっても音漏れは防げません。

マンションは共同住宅ですから、当然、生活音が漏れることもあります。しかし、落語で語られる長屋のようなプライバシーが筒抜けのようなことはありません。二重床などの工法で高い遮音性を実現しています。特に安全性と住環境、利便性のバランスが取れた永住型マンションでは、施工面でも手厚い工法を採用していることが多くあります。ところが、二重床工法でも幅木とのあそびがあるかどうかで、響きが伝導しやすくなることもあり、最終的には、丁寧な施工の品質が住まいの快適性や環境に影響するのです。ですから、直張りのフローリング床でも丁寧な施工であれば響きにくいともいわれています。

第3章――
優良中古マンションの選び方

「手頃な値段で購入できる」
「自由にリノベーションできる」など、
なにかとメリットも多い中古マンション。
しかし、耐震性や構造面などをしっかりチェックしておかないと、
のちのちトラブルに発展することも。
優良物件を入手するためにも、
中古マンションを見極めるポイントを押さえておきましょう。

1

満足度の高い中古マンション選び

エリアもタイプもじっくり選べるのが魅力

マンション選びは、新築分譲に限るわけではありません。中古物件まで視野に入れれば、物件の選択肢は幅広くなり、あれこれと迷うことも少なくないでしょう。中古マンションの場合、すでに建物は完成して、実際にそこで暮らす人がいますから、住み心地も確認でき、住環境の様子も肌で感じ取れます。逆に、モデルルームを見学しただけで、完成前に青田買いする新築分譲マンションの選び方は、実態は何もわからないままで、冷静になってよく考えれば不安だらけでしかないのです。そういう意味で、中古マンションに目を向ける人は、物事の全体や本質を考える広い視野を持っているのかもしれません。

既存の建物はすべて中古物件になりますから、例えば、どこかに気に入ったマンションがあれば、狙い撃ちでその物件の出物を待つという方法もあります。いずれにしてもじっくり探せるのが中古マンション探しのメリットでしょう。リフォームをどうするかも新築分譲にはない楽しみ。とはいえ、必ずしもリフォームする必要はありません。ただし、せっかくのチャンスなので、間取りまで変更できるリノベーションをしようという目的で中古マンションを選ぶ人が増えています。３ＬＤＫを広めの２ＬＤＫに改造して、キッチンを対面式にするなど、自分の希望プランを反映できるリノベーションは住まいへの満足度も高くなります。特にバスルーム、洗面所、トイレ、キッチンの水まわりを一新するだけで快適さは格段にアップします。

また、リノベーションのときに合わせて実施したいのが、バリアフリー化です。部屋と廊下の段差を解消するほか、浴槽は高齢者でも入浴しやすい低床式を選ぶと、将来まで安心して使えます。思い切ったリノベーションがマンションライフをより豊かにしてくれるのです。

こうしたリノベーションをバックアップするために、中古住宅の購入資金と同時に、リフォーム工事の資金を借り入れできる住宅ローン「フラット35（リフォーム一体型）」の取り扱いを住宅金融支援機構が２０１５年４月より開始しています。フラット35の技術基準を満たさず、そのままではフラット35を利用できなかった中古住宅で、リフォーム工事によって技術基準を満たす場合に利用できるというものです。ローンの拡充もすすむいま、中古マンション市場がますます活性化していくことに期待が寄せられています。

2

建築年代で見る住まいのトレンド

新耐震基準で、強度が格段に高くなった

ひとくちに中古マンションといっても、建築された年代によって、マンションのトレンドも大きく違います。１つの節目となるのが、１９８１年６月に改正された「建築基準法」。このときの大きな改正は、耐震性が見直されたことです。以後、この新耐震基準が現在でも用いられています。旧耐震基準の１９８１年頃まで供給されていたマンションは、コンクリートのスラブ厚が１２０㎜で音漏れもしやすく、電気容量やガス給湯器の性能も低いものが設置されています。新耐震基準以降の１９８２年頃からコンクリートスラブ厚が１５０㎜のものが登場しました。その後バブル時代には大理石を使うなどゴージャスな物件がひしめきました。バブル崩壊後は１９９５年頃からマンションブームが起きてコンクリートスラブ厚は１８０㎜が主流になります。「品確法」（※）が施行された２０００年４月以降は、オール電化や二重天井・二重床が広がり、床面積も70㎡を超えるものが増えました。２００８年のリーマンショック以降は一時低迷したものの、２０２０年の東京オリンピックに向けて市場も活況に向かっています。

※品確法：「住宅の品質確保の促進等に関する法律」のこと。これにより新築住宅における瑕疵担保期間の 10 年の義務化と、任意の住宅性能表示制度がスタートしました。

耐震基準とマンションのトレンド

新耐震基準になってから、すでに34年の歳月が過ぎています。技術革新で新しい免震工法が導入されるなど、耐震性はますます高まっています。同時にコンクリートのスラブ厚も200㎜以上のものがでてきています。安全性を追求する流れは変わりません。

1980

～1981年

旧耐震の建築基準法で建てられたマンション。

1981～1990年代前半

新耐震基準で、コンクリートスラブ厚が150㎜～180㎜が標準になり、カーペット床からフローリングに変わっていきます。
また、バブル期は高級な建築部材を使った派手な外観、室内の物件も多く存在しました。

1990

1990年代半ば～2001年

バブル崩壊後、一時期は販売が低迷するものの、マンションブームが到来し、コンクリートスラブ厚が180㎜の物件が増えました。

2000

2000年代前半

品確法の施行で、オール電化マンション、二重天井・二重床、また広さが70㎡を超える物件も登場。高層タワーマンションも次々と分譲されています。

3

中古マンションの適正相場は？

路線価格、周辺の取引事例から学ぶ適正相場

中古マンションの売買を取り扱う不動産会社の営業マンは「まず、売り手を見つける」を実践しています。取材した営業マンの一人は、売り手を見つけて専任販売を引き受けるのと同時に、売却後の不動産をあっせんするためだと言います。

中古マンションは、新築物件より割安になります。新築の場合、デベロッパーが開発する以上、利益を乗せて建築しているわけです。物件の規模やグレードにもよりますが、15～20％がデベロッパーの利益だと考えていいでしょう。このほか、販売にかかるカタログやモデルルームの費用などに10％程度をみています。したがって、土地や建物が販売価格の実質70～75％だとすれば、例えば、５０００万円のマンションなら実質３５００万円程度になります。

ところが、このマンションがもしも築年数の浅いうちに売りに出されるときには、デベロッパーの利益や販売諸経費は不要になるため、３５００万円～４０００万円ほどで売買されるでしょう。そうなればかなりお買い得で、いい物件を購入したことになります。

中古物件は
取引価格に大きな変動はない?!

「中古マンションは、住所、物件名などがわかれば、すぐに査定価格は出ますよ」と言うのは、不動産会社のベテラン営業マン。不動産会社が利用する業務用データベースを活用すれば、簡易的に価格はすぐわかると教えてくれたのです。実際には、現物を見て確認してから見積額を出すとのことでしたが、最初に簡易査定した金額と大差はないといいます。また、過去に同じマンションで取引があればその事例が参考にされることもあります。

そのとき、ポイントとなるのは、「専有面積」「マンションの総戸数」「地上階層」「間取り」「築年数」の5項目。近隣のマンションと価格を比較してみることから相場を探りましょう。

4

資産価値の落ちない中古物件

適正なタイミングで修繕していれば、すぐ買い手がつく

資産価値は、プラスにもなればマイナスにもなります。中古マンションの売買では5項目（専有面積、マンションの総戸数、地上階層、間取り、築年数）がポイントです。しかし資産価値を計るものは、これ以外にもあります。重要事項説明のときにはマンション管理組合の財務状況等についても説明がありますが、このときに修繕積立金がいくらあるのか（1戸あたりに換算していくら）、また管理組合の借入金がないか、管理費の滞納の有無と滞納金額がいくらかを確認しましょう。修繕積立金が潤沢にないと、適切なタイミングで修繕工事ができなくなりますし、タイミングをはずして修繕しても老朽化が進んでいるので、修繕費が余計にかさみます。

また、管理組合に借入金があれば、管理費と修繕積立金以外に借入金返済分を上乗せして毎月払うことになります。こうして管理費等の負担金が大きくなれば、いざ売却しようというときに買い手がつかなくなる可能性が大きいのです。資産価値の落ちない物件とは、売りに出せばすぐに買い手が見つかる、そういう物件です。

資産価値の高いマンションの目安

下記の4つのポイントをクリアできていれば、再売却しやすいのはもちろん、安心して住み続けられるマンションであるといえるでしょう。

チェックポイント

□ 修繕積立金のあるマンションか?

⇒ 戸あたり150万円以上の修繕積立金があること。

※東京都の都市整備局住宅政策推進部マンション課が公表している「東京のマンション2009」の調査結果によれば、専有面積の1㎡あたりの大規模修繕工事費が2008年度は約2万円になっています。3大都市で供給量が最も多いといわれる70～80㎡の分譲マンションでは、単純に計算して1戸あたり140～160万円の工事費が必要となります。

□ 管理組合に借入金がない

⇒ 修繕工事などで金融機関や管理会社からの借入金がないこと。

□ 管理費の滞納がない

⇒ 管理組合が機能していて、財政面でもしっかりしていること。

□ 再売却がすぐできる（市場性の高さ）

⇒ 過去に売却事例があり、交通アクセスがいいこと。

売却できない中古物件の理由

新規分譲のとき、価格も規模も同じようなマンションであっても、築年数が経つと、次第に資産価値の差が出てきます。取材したあるマンションでは、管理費が高くなり買い手がつかないという状況でした。築年数は10年以上で、管理は管理会社に任せきりでした。管理会社に提案されるままに大規模修繕工事を任せると、修繕積立金が少ないことがわかったといいます。分譲時に設定されていた毎月の修繕積立金はわずか数千円で、必要な工事費用を賄えない状態でした。そのとき管理会社から不足分を立替融資するという話があり、管理組合は言われるままに従ったところ、借入返済分も含め毎月支払う管理費が倍近くになったと訴えます。このケースに限らず、管理組合が金融機関から修繕工事費用の融資を受ければ返済するのは当然で、その負担は区分所有者にかかってきます。しかし、管理に無関心な区分所有者が多かったために、複数の工事業者から相見積りも取らずに、言い値の金額で管理会社に丸投げしてしまった点は、自業自得といわれてもしかたがありません。中古のリゾートマンションでも似たケースがありますが、すべてはマンション管理に無関心だったことが招いた結果でもあるのです。

5

中古マンションの物件概要のカギは？

失敗しない、優良物件に共通するポイントを読み解く

中古マンションには、新築物件のように豪華なパンフレット類が用意されていません。売り主が竣工当時の資料を持っている場合もありますが、実物の現状から判断しなければなりません。快適な住環境が維持されている優良な中古マンションには、共通しているポイントがあります。そのポイントとは、耐震性があること、適正なタイミングで大規模修繕を実施している（実施予定である）こと、管理費と修繕積立金が適正な設定になっていること、良好なコミュニティが形成されていること、すぐに売却できる立地にあることなどがあげられます。

物件概要からわかるのは、建築構造、管理費と修繕積立金、管理形態などです。築年数が浅ければ、月額の修繕積立金が管理費の金額よりも低くなっている可能性があります。築10年以上で毎月の管理費より修繕積立金を高く設定していれば、大規模修繕工事に備えているとわかります。適正なタイミングで大規模修繕を行うと、マンションの美観と設備がよみがえり、快適な住環境をキープしている物件として評価され、買い手がつきやすくなります。

物件概要の注意項目

所在地の住所から最寄りの駅までは徒歩何分圏内か、土地は定期借地権でないか、用途地域は住居専用地域か、などをチェックします。特にリノベーションのときに自由度の広がる決め手となる建築構造を忘れずに確認しましょう。

物件所在地	物件の所在地（住所）
土地／所有権	土地の所有形態（所有か借地か）
専有面積	部屋の広さ（ただし、図面上は壁芯面積で表記するため、有効に使える空間はやや狭くなる）
管理形態	管理員が常駐か？　巡回か？
バルコニー面積	バルコニーの広さ
構造	構造を示す。 リフォームをしやすい構造かどうか確認
築年数	1981年の新耐震基準をクリアしているか確認
管理費／月額	修繕積立金より高い場合は、 予算のムダがある可能性が高い
修繕積立金／月額	築年数によるが、 1万～1万5,000円前後あるとよい
用途地域	住環境の目安（例：第1種低層住居専用地域）
現況	居住中か？　空きか？
引き渡し時期	引き渡しの時期についての確認
取引態様	不動産会社が仲介しての契約となる

6

比較物件の見方でわかる違いは？

建築構造からリノベーションの自由度もわかる

中古マンションを選ぶときは、2軒3軒見ただけでは判断がつけられません。しかし、いくつも見ていると各物件の特徴がつかめてきます。まずは構造の違いからリノベーションをしやすいかどうかもわかります。左ページの構造の違いの特徴を比較しながら、目的のマンションがどういう構造の造りになっているかを確認しましょう。

構造を知るとリフォームプランが立てやすくなります。新耐震基準をクリアしていることが前提ですが、マンションの1階に店舗が入っていたり、駐車スペースになったピロティ形式のものは耐震性に問題があると考え、耐震補強をしているかのチェックをしておくといいでしょう。しっかりと耐震補強していれば古くても問題ありません。

建物の耐久性をもっと詳しく知りたい場合は、管理組合が保管している「設計図書」でコンクリートの強度と鉄筋へのかぶり厚さがどのくらいかを確認するといいでしょう。専門的になりますが、念には念を入れたい項目です。

「フラット35」の融資基準にもなる

コンクリートのかぶり厚さ

フラット35で融資を申し込む際、マンションの耐久性を判断する目安として、鉄筋をおおうコンクリートの厚みが重要になります。この「かぶり厚さ」は、マンションが建てられたときの「設計図書」に記載されていて、マンションの管理員室などで保管されています。

部位			最低かぶり厚さ	
			ア	イ
直接土に接しない部分	耐力壁以外の壁または床	屋内	2 cm	3 cm
		屋外	3 cm	4 cm
	耐力壁、柱、はりまたは壁ばり	屋内	3 cm	4 cm
		屋外	4 cm	5 cm
直接土に接する部分	壁、柱、床、はり、基礎ばりまたは基礎の立上がり部分		4 cm	5 cm
	基礎(基礎の立上がり部分、捨てコンクリート部分を除く)		6 cm	7 cm

①コンクリートの鉄筋に対するかぶり厚さは、水セメント比に応じて上表のとおり(中庸熱ポルトランドセメントまたは低熱ポルトランドセメントを使用する場合はアのみ)とします。
ア 水セメント比が55%以下(軽量コンクリートは50%以下)の場合
イ 水セメント比が60%以下(軽量コンクリートは55%以下)の場合
②フライアッシュセメントを使用する場合は混合物を除いた部分を、高炉セメントを使用する場合は混合物の10分の3を除いた部分を質量として用います。
③外壁の屋外に面する部位にタイル張、モルタル塗、外断熱工法による仕上げ等の処理が施されている場合は、屋外側の部分に限り、①に掲げる最小かぶり厚さを1cm減らすことができます。

※フラット35ホームページ　鉄筋コンクリート造・鉄骨鉄筋コンクリート造の耐久性基準より

中古物件は構造も比較してみよう *24〜25 ページも参照

RC造	10 階建て程度までのマンションに採用されることが多い鉄筋コンクリート造り。柱や梁で建物を支えるラーメン構造がおもとなります。部屋の間仕切りを取り払うこともできるためリフォームの自由度も高いです。
SRC造	中高層から超高層マンションまで幅広く採用されている鉄骨鉄筋コンクリート造りで、柱や梁で建物を支える造り。開口部が広く、大胆な間取り変更など、リノベーションしやすいのが特徴です。
WRC造	低層マンションに採用される鉄骨鉄筋コンクリート造りの壁式構造。壁で建物を支える構造のために、柱や梁を必要とせず、室内が広く使えます。ただし、壁が取り払えないため間取り変更はできません。

7

「新耐震基準」をクリアしているか？

旧耐震基準の物件は、耐震改修をしているかがポイント

中古マンションを選ぶポイントに、「新耐震基準」があります。現在、建築されているマンションはこの新耐震基準をクリアしています。この新耐震基準に基づいて建設されたマンションは、1995（平成7）年に起きた阪神・淡路大震災でも被害が少なかったこともあり、この基準が評価されました。1981（昭和56）年6月1日以降に建築確認した物件であれば、新耐震基準にのっとって建てられたことになります。地震の多い日本でマイホームを持つのであれば、まずは新耐震基準で建てられた物件を選びましょう。しかし、旧耐震基準で建てられたマンションがすぐに危険だとか、ダメな物件と決めつけるのは早計です。耐震診断を受け、耐震改修工事などを実施していれば、地震対策としては安心できます。マンションの管理組合がしっかり機能しているなら、耐震診断や耐震改修に取り組んでいるはずです。逆に、耐震改修工事までやっている物件であれば、管理組合のコミュニケーションが取れていることがわかり、住環境への配慮もなされていると推測できます。

阪神・淡路大震災に見る建築物による被害状況

死亡者の死因

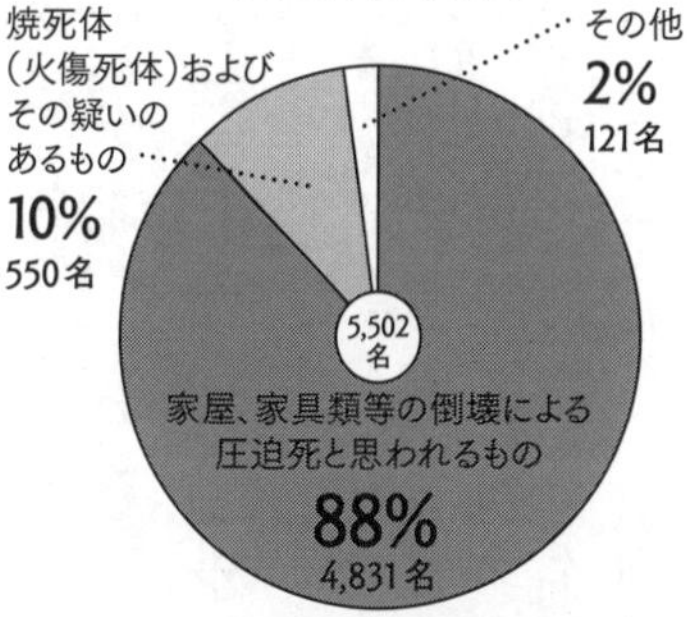

※平成7年度版「警察白書」より
(平成7年4月24日現在)警察庁調べ
※消防庁：阪神・淡路大震災について
(確定報、平成18年5月19日)による
死者数は6,434名、全壊住家数は約10万5千戸

建築年別の被害状況
(建築物)

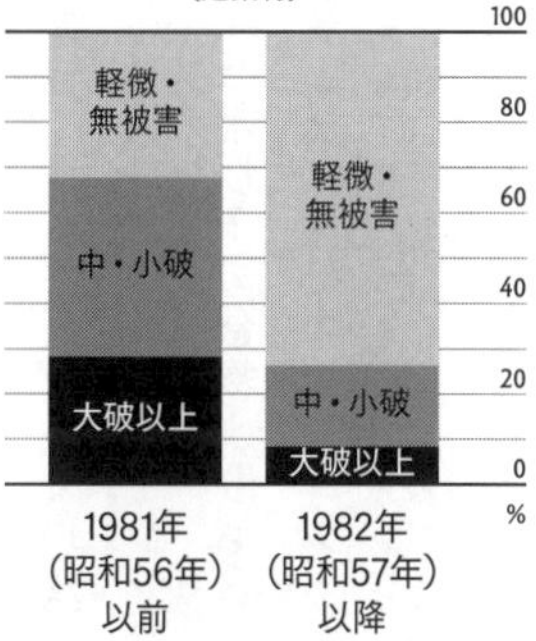

(出典)平成7年
阪神淡路大震災
建築震災調査委員会
中間報告

死者数の大部分が建物等の倒壊が原因

現在の耐震基準を満たさない
1981(昭和56)年以前の建物に被害が集中

国土交通省 「阪神・淡路大震災による建築物等に係る被害」資料より

大震災に見る建築被害状況

阪神・淡路大震災では、1階部分を柱のみにして駐車場などに利用する高床式のようなピロティ構造のマンションが多くの倒壊被害に見舞われました。その結果、ピロティ構造は危ないといわれました。しかし、東日本大震災のときには、柱だけで壁がないピロティ構造が津波のエネルギーを受け流し、倒壊被害は少ない結果となったのです。災害によって被害状況も変わることもあるのです。

8

長周期地震動とマンションの関係

大地震と共振しないマンションは倒壊しにくい

阪神・淡路大震災クラスの地震に対してもダメージを受けにくいマンションを簡単に見分ける方法を紹介しましょう。

「長周期地震動」と呼ばれる地震は、大きなエネルギーを持ち、振幅が大きく、長く地面を揺らします。また、建物にも揺れやすい周期があり、これを「固有周期」と呼び、高層建築物になるほど揺れは大きくなることがわかっています。つまり、地面の揺れと建物の揺れの周期が一致すると、建物は非常に大きく揺れます。この現象を「共振」といいます。建物の被害を最小限にするには、地震と共振しない固有周期を持つマンションを探すことです。阪神・淡路大震災では0.3～1秒の揺れが多く、2～5階以下の建物よりも8～12階の建物の被害が大きかったのです。建築構造にもよりますが、免震工法でない中古マンションなら、大地震の揺れに共振しにくい5階以下の物件に注目するのも1つです。なお、構造の違いと建物の高さから固有周期を求められる計算式を次ページで紹介しておきます。

建物の固有周期を計算してみよう

大地震と共振しにくいマンションか調べる方法を紹介します。阪神・淡路大震災では、0.3〜1秒の周期の揺れだったので、これに共振しない高さのマンションを購入物件候補に考えましょう。また、固有周期は建築構造の違いでも変わってきます。鉄骨造と鉄骨鉄筋コンクリート造や鉄筋コンクリート造とは固有周期の算出法も少し違います。

固有周期の求め方

▶ 鉄骨造（S造）のケース

固有周期（秒） ＝ 0.02 × 建物の高さ（m）

▶ 鉄骨鉄筋コンクリート造（SRC造）鉄筋コンクリート造（RC造）のケース

固有周期（秒） ＝ 0.15 × 建物の高さ（m）

※日本地震学会ホームページ「強震動地震学基礎講座」より

計算例

鉄骨造、14階建てマンション　高さ45mの場合

固有周期は、公式より0.02×45（m）＝0.9(秒)となり、阪神・淡路大震災クラスでは共振する可能性が高くなります。新耐震基準を満たしていても倒壊などの危険率があがると推測できます。

例えば、固有周期が0.3秒よりも短い、高さ20m以下（約5、6階建て）のマンションであれば大震災と共振しにくいことがわかっています。ちなみに20階のタワーマンションの固有周期は2秒以上あり、こちらも大地震と共振しない設計になっています。ただし、正確には表層地盤の固さなど複雑な要素が絡むために、あくまでも目安としての数値でしかありません。

9

リノベーションで理想の住まいにする

自分のプランに合わせた、暮らしやすい間取りを実現しよう

中古マンションに人気が集まっているのは、自分の希望の間取りに変更できるリノベーションができることです。すでに建築構造の違いによって間取りが大胆に変更できる構造と最小限しか変更できない構造があることを説明しました。購入物件の構造を確認するとともに、どういう間取りにしたいかを考えましょう。

まず考えたいのは、水まわりのこと。キッチンとお風呂、トイレまわりなどです。給排水管の延長や移動をさせる工事が一番厄介です。トラブルにもなりやすいので、業者にできる範囲と予算を確認しましょう。配管のカギは床の施工法にもよりますから、リフォーム業者が現地を検分しなければ判断がつきません。また、電気容量も確認しておきましょう。マンションによって、電気の契約容量が制限されている場合があります。コンセント口などを増やすことはできても肝心の電気容量が制限されていては、例えば、自動食器洗浄機やトイレの温水洗浄便座など活用できないケースも出てきます。リフォームのプランを描く前に、物件のスペックをもう一度確認しておきましょう。

リノベーション前に確認しよう

チェックポイント

まず、下記の項目を確認してから、工事をスタートさせましょう。

- □ 管理規約に違反しない工事内容であること
- □ 管理規約で指定された建材や工法を守ること
- □ 工事の図面、スケジュール、工事内容を提出して承認を得ること
- □ 管理会社にも管理組合と同様の内容を通知すること
- □ 工事を実施するフロアの両隣と上下フロアに挨拶しておくこと
- □ 工事の告知は、開始1週間前には掲示板に貼り出すこと（管理会社へ告知を依頼する）
- □ リフォーム業者の連絡先、現場責任者の携帯番号などを掲示すること
- □ 工事内容によって、大きな騒音や振動がでる工事は事前に近隣に通知すること
- □ 早朝から夜遅くまでの工事を避けること
- □ 土日、祝祭日は工事しないこと（やむを得ずに実施する場合は告知する）

ガス給湯器の能力もチェックを

中古マンションは設備に関して古いものが多く、最新式と比べると性能が低くなります。給湯能力の違いも確認しておきましょう。ガス給湯器は、「水温+25℃」のお湯を1分間に何リットル出せるかを示したもので、例えば、24号の給湯器では、水温17℃のときに+25℃である42℃のお湯が1分間に24リットル出せる能力をもっています。号数が大きいほど一度に大量のお湯を使うことができます。

24号	キッチンとシャワー、洗面所の3カ所同時に給湯できて、追い焚きも可能。
20号	キッチンとお風呂など、2カ所の同時給湯ができます。
16号	基本は1カ所の給湯ですが、夏場であれば2カ所の給湯も可能。

10

コミュニティで物件の善し悪しがわかる

居住者のほどよい交流が快適な住環境をつくる

コミュニティとは、簡単に言えば居住者同士の交流のことを指します。マンションは共同住宅で、居住者は一隻の船に乗っているのと同じなのです。中古マンションの場合、どのようなコミュニティがそのマンションに形成されているのかを知ることができます。よいコミュニティがないマンションでは、居住者の中に反社会的勢力の人間やカルト宗教の信者が出入りしても無関心だったりします。おそらくそういうマンションは管理組合もまったく機能していない状態で、管理会社任せだと判断していいでしょう。

管理組合は、区分所有者の合議制でいろいろ重要なことを決議します。例えば、共用部分の修理修繕を検討、実施するのも管理組合です。管理組合が一致団結できないマンションは、修繕もできずに老朽化が進み、資産価値は下がるいっぽうです。逆に、よいコミュニティがあるマンションは資産価値が高く優良だと判断していいでしょう。中古マンションを探すときには、よいコミュニティ、つまりしっかりした管理組合があるかをポイントにしてみましょう。

管理組合がしっかりしているマンション

よい管理組合とは、居住者の利益になる、快適な住環境を提供するために活動しています。次の項目が当てはまれば、理事会がリードしながら管理組合が機能し、マンション内のコミュニティも良好であることがわかります。

チェックポイント

- □ **掲示板に理事会からのお知らせが貼りだしてある**
  ⇒ 理事会活動をしていることがわかります。

- □ **駐輪場が整理されている**
  ⇒ 居住者のマナーがよいことがわかります。
  ⇒ 理事会がマナーについても見ています。

- □ **居住者が理事役員の名前を知っている**
  ⇒ 居住者が管理組合の情報を共有しています。
  見学時に、居住者に聞いてみましょう。

- □ **理事会の開催が毎月もしくは隔月などで実施されている**
  ⇒ 理事会が活発であれば管理組合の意識も高いはずです。

11

管理組合の決算書が住まいの質を決める

適正な予算を組むために、必ず支出の見直しをするクセをつける

希望の物件を絞り込んだら、マンションの決算書を仲介業者に取り寄せてもらいましょう。分譲マンションでは総会が1年に一度は開かれます。そこで、決算書と予算案が確認・了承され、議事録として記録が残されるので、そのマンションの決算書を見れば、買う値打ちのある物件かどうかがわかります。

まず、収入と支出を見て、赤字ではないことを確認します。黒字であれば、健全な会計内容とみなせますし、逆に赤字であれば、何か問題を抱えているというわけです。また、修繕積立金の総額も記載されています。小さな修繕工事、改修などを適切に実施していれば予算と執行予算が表示してあります。どういう修繕をし、これからどんな工事をするのか、そのためにいくら予算を計上しているのかもわかります。適切な修繕をしているのは、快適な住環境を維持している質の高いマンションの証でもあるのです。つまり、決算書から、住まいとしての質の高さとよいコミュニティの存在がわかるというわけです。

決算書の読み解き方

Aマンションの決算書(築19年、3階建て20戸[エレベーター1基、機械式駐車場20台分])

【収入】

●科目	前期実績(A)	予算額(B)	差額(B-A)	備考
管理費	3,583,200	3,583,200	0	298,600×12
専用庭使用料	36,000	36,000	0	3,000×12
駐車場使用料	2,352,000	2,268,000	-84,000	
自転車置場使用料	18,600	18,000	-600	
保険金	439,900	0	-439,900	※雪害による植木傾倒
受取利息	3,946	3,000	-946	
雑収入	44,696	40,000	-4,696	
収入合計	6,478,342	5,948,200	-530,142	

*マンション保険による補償申請の結果、補償金がおりた。

【支出】

●科目	前期実績	予算額	差額	備考
管理委託料	2,247,000	2,172,960	-74,040	
消防設備点検	85,200	85,200	0	年2回(6月、12月の第1土曜日)
定期清掃費	147,660	149,040	1,380	年6回
増圧ポンプ点検	58,320	58,320	0	
エレベーター保守料	321,000	324,000	3,000	27,000×12カ月　POG契約
機械式駐車場保守点検料	175,260	129,600	-45,660	
排水管清掃費	108,000	108,000	0	年1回
植栽剪定管理料	129,600	130,000	400	年1回(剪定/消毒)
機械警備システム	0	80,352	80,352	※更新時に、警備会社と直接契約で節約
防犯カメラ保守サービス料	0	9,072	9,072	※保守により管理あり
非常用照明器具点検	0	32,400	32,400	※目視確認のため不要
<外注費計>	3,272,040	3,278,944	6,904	
共用電気料	730,038	750,000	19,962	
共用水道料	14,313	20,000	5,687	
損害保険	80,244	150,000	69,756	※マンション総合保険5年、掛け捨て
<共用部分費計>	824,595	920,000	95,405	
通信交通費	41,778	50,000	8,222	
修繕費	233,962	200,000	-33,962	
修繕費(保険処理分)	63,720	0	-63,720	
備品購入費	0	100,000	100,000	
消耗品費	22,914	100,000	77,086	
銀行手数料	24,517	30,000	5,483	口座
組合運営費	3,180	50,000	46,820	
町内会費	0	0	0	
雑費	7,849	50,000	42,151	
管理諸費計	397,920	580,000	182,080	
その他計	0	0	0	
支出合計	4,494,555	4,778,944	284,389	

*POG契約で(211ページ参照)保守料を抑えている。

*町内会費は管理組合が代行徴収するものではない。

当期余剰金	1,983,787	1,169,256	-814,531
前期繰越金	1,601,456	2,585,243	983,787
剰余金合計	3,585,243	3,754,499	169,256

駐車場使用料が管理費会計に組み入れられていて問題です!(駐車場使用料は、管理費会計に2割、修繕積立金に8割と、振り分けましょう)

12

適正な修繕積立金はいくらか？

修繕工事費は、戸あたりで150万円以上を確保しているか？

マンションの修繕積立金はいくらあれば大丈夫でしょうか？　国土交通省が目安となる修繕積立金の金額を示していますので、まずはこれを参考にしましょう。

中古マンションの場合でも築年数によって適正な修繕積立金がおおよそわかります。例えば、物件概要の修繕積立金が月額1万円を切っている物件は、いずれ大幅な値上げか莫大な一時徴収金が集められると予想されます。

また、1回目の大規模修繕を実施する前か、実施した後かで、修繕積立金の金額が変わる場合もあります。本来は、長期修繕計画に基づいて、資金計画もしっかり作成すべきですが、作っていない管理組合がほとんどです。したがって、国土交通省の示す基準を目安に算出するしかないのです。そこで、1回目の大規模修繕前なら、最小でも戸あたり約１５０万円の修繕積立金があるのか、2回目の工事前なら戸あたり２００万円の積立金があるのかを具体的に仲介業者に尋ねましょう。修繕積立金が不足している中古マンションは適切な修繕ができず、劣化して資産価値も下がる一方です。

修繕積立金のガイドライン

もし購入を検討している物件があれば、下記の「専有床面積あたりの修繕積立金の額」をもとに、適正な修繕積立金金額を算出してみましょう。いずれにしても、修繕積立金金額が月額１万円を下まわっている物件は、あとで莫大な金額を徴収される可能性が高いといえます。

専有床面積あたりの修繕積立金の額

建物の階数／建築延床面積		平均値	事例の3分の2が包含される幅
15階未満	5,000㎡未満	218円／㎡・月	165円～250円／㎡・月
	5,000～10,000㎡	202円／㎡・月	140円～265円／㎡・月
	10,000㎡以上	178円／㎡・月	135円～220円／㎡・月
20階以上		206円／㎡・月	170円～245円／㎡・月

※国土交通省『マンションの修繕積立金に関するガイドライン』より

適正な修繕積立金の求め方＝
マンションの専有面積✕平均値

仲介業者に確認しよう！

チェックポイント

- □ 25年以上の長期修繕計画が作成されているか？
- □ 現在の修繕積立金の総額はいくらか？
- □ 第１回目の大規模修繕前に戸あたり約150万円の修繕積立金があるか？
  ※第2回目前であれば戸あたり約200万円

13

修繕履歴と長期修繕計画は?

築12年前後での大規模修繕を実施しているか?

中古マンションを選ぶときに、「修繕履歴」を確認するのは、マンション全体の老朽化対策ができているかを知る手段だからです。適切な修繕を実施したマンションは老朽化を防ぎ、質の高い住環境をキープしています。その適切な修繕を実施するためには、「長期修繕計画」が必要です。これは、そのマンションが建てられたときからおよそ30年先にわたる修繕工事のタイミングを記載した計画表なのです。

たいていは築12年前後で1回目の大規模修繕工事をしているマンションが多いので、それ以上の築年数の物件で大規模修繕工事を一度もしていない場合は、お金がなくて修繕できない可能性があり、老朽化がすすんでいると推測できます。適切なタイミングで修繕していると傷みも少なく、快適な住み心地も維持できますが、それができていないとすれば購入は避けたほうがいいでしょう。また、給排水管についての修繕工事を実施しているかも確認しましょう。毎日の生活に欠かせない水まわりでトラブルがあると厄介です。特に赤水がでるような物件は問題です。

事前に調べておきたい修繕箇所

中古マンションは、築年数によって共用設備の経年劣化がすすんでいます。あれこれと専有部分ばかり細かくチェックしていて、うっかり共用部分を見落とすケースも少なくありません。特に水まわりのことや防水は念入りに行いましょう。

チェックポイント

□ 給排水管

⇒ 給排水管の材料によって傷みの差があります。
赤水が出ないか確認し、また、排水管清掃の実施についても聞きましょう。

□ 屋根

⇒ 屋根など共用部分からの雨漏りの被害があれば、鉄骨の腐食につながり、やがてコンクリートの爆裂の危険もあります。

□ 外壁・バルコニー

⇒ 大規模修繕工事で実施するはずなので、外壁タイルの浮き、
バルコニーの防水加工に問題がないか確認しましょう。

□ 共用廊下

⇒ クロスや壁面塗装の汚れがどの程度すすんでいるか、清掃や塗装による修繕を実施しているか（または実施予定）を確認します。

□ 受水槽／給水ポンプ

⇒ 受水槽は法定検査を実施しているかをチェック。また、給水ポンプがあれば、修繕回数、交換時期などを確認しましょう。

□ 防犯カメラ

⇒ 運用、保守点検がしっかりされているかを確認します。導入していても、カメラや記憶装置の故障に気づかず放置するのは最悪です。

14

「マンション偏差値」が高い物件を選ぼう！

資産価値の高さを独自の指標であらわしたマンション偏差値！

購入しようとするマンションが資産価値の高いものかを判断するために、独自の指標を使って価値基準をはかろうと考えたのが「マンション偏差値」です。これは筆者が考えた指標で、マンションを賃貸にしたときにどの程度の家賃で利回りが見込めるのかを算定する「収益還元法」を使い、偏差値に置き換えたものです。

具体的に計算してみましょう。いま、4000万円で購入したマンションが、月額20万円（年間240万円）の家賃が見込めたとします。利回りを仮に5％として計算すると、年間賃料240万円÷5％＝4800万円が、この物件の実質の市場価値と考えられます。購入金額と市場価値との差額分の800万円がプラス資産となります。このとき、マンションの購入金額と市場価値に差がない場合を「偏差値50」とみなし、差額の金額を100万円で割った数字をマンション偏差値として加算します。この物件には、差額の800万円を100万円で割ったプラス8がマンション偏差値として加算されます。マンション偏差値50＋8＝58となり、資産価値が高い物件となります。

マンション偏差値を求めてみよう

還元利回りは類似物件の投資利回り（＝年間賃料÷購入価格）を参考にしながら、建物の経年劣化による修繕リスクなどを考慮して決定しますが、ここでは還元利回りを5％で計算します。

計算例

価格 4,000 万円のマンションを
月額 20 万円（年間 240 万円）の賃料で貸し出すとき

5％の利回り（還元利回り）を想定すると、この物件は、
240 万円 ÷5％=4,800 万円の市場価値があります。

マンション偏差値 ＝

50 ＋ （市場価値 − 購入価格）÷ 100 万円

事例のマンション偏差値は、
50 + {4,800 万円 − 4,000 万円} ÷ 100 万円 ＝ 58 となります。
マンション偏差値は、50 以上あればあるほど、
資産価値の高い物件となります。

マンション偏差値の高さこそ資産

新築マンションは、購入金額で転売しようとしてもまず買い手がつかず、価格を下げざるをえません。価格が下がるということは、もともとの市場価値が適正でなかったからです。そういう意味では、実質の不動産価値が高い物件を購入すべきで、その指標の１つがマンション偏差値なのです。不動産を持っていても、プラス資産になるかマイナス資産になるかで、大きな違いが出るのです。

15

仲介業者の善し悪しを見極めよう

担当者の対応しだいで、いい物件に巡りあえる

仲介の不動産会社の選び方も、よい中古マンション選びのポイントになります。全国展開する大手の不動産会社もあれば、地元に密着した小さな不動産屋もあります。ひとくちにどちらがいいとはいえないのですが、実際に出向いてみましょう。そのときに重要なのは、真剣に物件を探している気持ちをストレートに伝えることです。営業マンに、買ってくれるお客だという印象をあたえれば、いろいろな情報を積極的に提供してくれます。

例えば、希望のエリアを絞っているのであれば、その地元の不動産屋を訪ねてみましょう。扱っている物件が賃貸を中心にしているのか、新築分譲が多いのかによって、おおよその得意分野がわかります。具体的に目当てのマンションがあれば、そのマンションが売りに出されそうかを聞いておくのもいいでしょう。大手不動産会社であればネットワークが強みなので、条件に近い物件をリストアップしたい場合には強い味方になります。なお、仲介を依頼する不動産会社の宅地建物取引業の免許証番号は必ず確認しておきましょう。

信頼できる仲介業者か見分けるヒント

仲介業者によって、企業規模やネットワークの広さなどの違いがありますが、最終的には信頼できる担当者に出会えるかどうかでしょう。建築知識だけでなく、金融にも明るく、例えば、住宅ローンの借り換えの提案までできる人材であれば、より信頼できます。

- ▶ ほかの業者にも物件紹介を頼んでいると説明しても対応が変わらない。
- ▶ こちらの希望条件に見合う物件をすぐリストアップする。
- ▶ さらに希望条件にプラスした物件の説明もする。
- ▶ 諸費用とローンの試算をして、有利な提案ができる。
- ▶ ローンの借り方、返し方についても具体的な説明がある。
- ▶ 値引きにも誠実に対応し、売り主と交渉してくれる。
- ▶ 希望物件のメリットばかりでなく、デメリットの説明もある。
- ▶ 「付帯設備表」と「物件状況報告書」の確認がある。
- ▶ 万が一不具合があった場合の解決策まで説明できる。
- ▶ 契約内容をていねいにわかりやすく説明できる。
- ▶ 「ほかにも希望者がいる」と言って契約を急がせない。
- ▶ リノベーション業者の紹介と、実際の施工例を見せてくれる。
- ▶ 給湯器の状態、電気容量、インターネット環境についての情報にも詳しい。
- ▶ 契約前には、重要事項説明書を事前に渡し、確認に十分な時間を取る。
- ▶ 疑問に思ったことに対して誠実に答える。

16

仲介手数料は？　値引き交渉は？

中古マンションは、値引き交渉の余地もある

中古マンションの売買では、所有者個人と契約する場合が多く、仲介の不動産会社を通します。仲介手数料は法律により上限が一定に定められていますから、物件によって法外な仲介料を請求されることはありません。売買金額が４００万円以上の場合、物件の売買金額×３％＋６万円＋消費税が手数料となります。３０００万円の物件ならば３０００万円×３％＋６万円＋消費税（８％）＝１０３万６８００円になります。このほか不動産登記費用なども含めた諸費用全体として、物件価格の約７～８％程度が必要になります。物件価格が３０００万円なら８％の２４０万円ほどが諸費用になるわけです。これは現金で支払うことになるので、あらかじめ用意しておきましょう。

ところで、中古マンションの値引きは可能なのでしょうか？　売り主の都合もあるので、厳しい場合もありますが、交渉する余地はあります。特に相手が売り急いでいる場合は可能性も高くなります。だめもとで仲介業者に値引き交渉をお願いしてみましょう。大幅な金額でなければ、応じてくれる場合もあります。

値引き交渉できる物件とは?

中古マンションの場合、値引き交渉ができるのかどうか気になるところです。新築分譲の場合と違って、値引き交渉の余地は意外と多いのも中古物件の魅力です。例えば、売り主が買い換えのために売り急いでいる場合は、値引きしてもらいやすくなります。また、100万円単位の値引きができない場合でも、金額の端数(10万円単位)を値引きしてもらえることもあります。

▶ 売り主が売り急いでいる場合

⇒ 新しい家の購入資金にするために、売却を急いでいる物件で、例えば、3カ月、半年以内に売却したいというときには、100万円単位の値引き交渉の余地もあります。

▶ 事故物件の場合

⇒ その物件で自殺者や不慮の事故等で死亡者の出た物件のことです。建物や部屋そのものには問題はなくても、気味悪いと思われるために売却契約がなかなか成立しない場合は、値引きの余地は大きいといえるでしょう。

値引き交渉しにくい場合

- 急いで売却を考えていない物件
- 賃貸にしても借り手がすぐに見つかる物件

17

中古マンションと重要事項説明書

登記簿の抵当権の抹消と管理の内容を確認しよう

不動産売買契約の前に、仲介する不動産会社は買い主に対して「重要事項説明」を文書でします。その説明は、必ず宅地建物取引士の資格を持った者が行います。まず登記簿に関すること、所有権や敷地の権利などが記載されています。さらに管理に関する内容や取引条件に関すること、手付金や瑕疵担保責任に関する事項が並んでいます。専門用語も含まれているため、一度目を通しただけでは理解しづらいので、事前にコピーをもらって読み込んでおくのがいいでしょう。

中古マンションの場合の重要なポイントをいくつか取り上げておくと、売り主と所有者が同じであること、抵当権の設定と債権者がどうなっているのか、また債権額が売買価格より高い場合、抵当権の抹消を確実に実行できる方法と時期を確認してもらうことも忘れないことです。管理に関する内容では管理費や修繕積立金の滞納がないこと、また予定していたローンが組めなかったときの特約として、違約金なしで契約を解除できることも確認しておきましょう（重要事項説明書については、192〜193ページも参照）。

中古マンションの重要事項説明書はココをチェック

新築マンションの場合と違い、売り主が個人の場合も多いので、所有権の譲渡と抵当権がいつどのように抹消されるのかを再確認しておきましょう。また、管理組合の決算書や管理規約からそのマンションの資産状況や管理組合の活動状況もわかります。

チェックポイント

登記簿に関すること

□ **登記簿面積（内法面積）**

⇒ 税制措置は登記簿面積が基準になります。
壁芯からではなく壁の内側で測った面積。

□ **所有権**

⇒ 売り主と所有者が違っていないかを確認。同じであれば問題なし。

□ **敷地の権利** ⇒ 借地権か所有権かを確認。

管理に関すること

□ **共用部分に関する規約**

⇒ 専有部分と共用部分の範囲と規約について確認。

□ **専有部分の利用の制限** ⇒ 用途やリフォーム、楽器使用の制限など。

□ **管理費・修繕積立金**

⇒ 毎月の管理費等の金額、滞納の有無などを確認。

□ **修繕履歴** ⇒ これまでにどのような修繕をしてきたかの記録。

取引条件に関すること

□ **手付金** ⇒ 手付金は売買の支払いの一部になるかを確認。

□ **契約解除**

⇒ ローン特約の有無を確認。このほかの契約解除時の取り決め。

□ **瑕疵担保責任**

⇒ 建物の専有部分に隠れた瑕疵があった場合の取り決め。
引き渡し日から3カ月としている場合が多いです。

□ **固定資産税／都市計画税**

⇒ 税金は、売り主と日割り計算で負担します。

18

「付帯設備表」と「物件状況報告書」を確認

修理して使うか、新しく買い換えるかを検討しよう

中古マンションの場合、専有部分の売買とともに付帯設備がどうなっているかを確認する必要があります。付帯設備とは、例えば、リビングについているエアコンや照明器具など、専有部分のいろいろな設備のことをいいます。これらの設備のうち、譲渡するものしないものを一覧にしたものが「付帯設備表」で、売り主と買い主で確認します。フォーマットが決まっているわけではありませんが、見やすい表であることと、設備の状況がわかればより親切です。付帯設備に関しては、故障の有無の確認と、修理が必要の場合はそのことが明記してあれば、引き渡したあとに設備の保証責任などを巡ってのトラブルも回避できますので、できる限り設備の現状を確認しておきましょう。

同様に、「物件状況報告書」では、住まいの基本的性能に関するものが記載されます。雨漏りはしていないか、シロアリ等害虫の被害はないか、給水管から赤水は出ていないか、排水管では詰まりがないかなどです。引き渡しまでに最終確認をしておきましょう。

付帯設備表と物件状況報告書の見方とポイント

重要事項説明書と一緒に渡されるものが「付帯設備表」と「物件状況報告書」です。どちらも簡単なリスト表になっているケースが多く、設備や物件の状況がわかります。この表の見方についてポイントを押さえておきましょう。なお、契約するとこれらの一覧についても了承したことになり、売り主への責任をあとから問うことはできませんので、しっかりチェックしておきましょう。

付帯設備表

チェックポイント

項目の中から修理するものと取り替えるものを判断します。

□ 照明器具　（　有　・　無　）

□ エアコン　（　有　・　無　）　＿＿＿台数

□ 給湯器

⇒ 交換や修理履歴について確認します。リモコンパネルも含みます。

□ コンロ、レンジフード

⇒ 交換や修理履歴について確認します。

※このほかにもカーテンレールやキッチンに組み込まれたオーブン等の設備をどうするか、確認しましょう。

物件状況報告書

現在の不具合状況の有無から修理、取り替えを判断します。

□ 給排水に関する状況

⇒ 赤水が出ないかを確認します。

また排水管清掃時期と回数についても確認を。

⇒ 給水ポンプの故障などで、断水などがないかを確認します。

⇒ シャワー、キッチン、洗面台の水圧も確認しましょう。

□ 雨漏りの有無

⇒ 室内に漏水跡がないかを確認します。

⇒ ベランダは防水加工されているかも確認します（大規模修繕工事後であれば、防水加工されています）。

19

中古物件のクーリング・オフ制度

こんなときはクーリング・オフができる

クーリング・オフとは、契約を結んだあとに一定期間内であれば契約を解除できる制度のことをいいます。中古マンションの購入では、このクーリング・オフを適用できます。ただし、どんな場合でも適用されるのではなく、一定条件のもとでのみですから、その点を注意しておきましょう。

まず、クーリング・オフの適用外となるのが、売り主が宅地建物取引業者でない個人または、法人の場合です。

では、どういう場合ならクーリング・オフが適用されるのでしょうか。わかりやすく左ページにまとめましたが、1つは契約を結んでから8日以内であることがポイントです。しかし、契約から8日以内であっても物件が引き渡され、代金を全部支払ったあとでは適用されません。もう1つ大切なポイントが、買い受けの申し込み場所と契約の締結場所が異なる場合、買い受けの申し込みをした場所でクーリング・オフの適用可否を判断されるために、買い受けの申し込みをどこでするのかに注意しましょう。なお、クーリング・オフは、「書面」で行う必要があります。

クーリング・オフが
できるケース・できないケース

「クーリング・オフ」とは、消費者が特定の商品購入やサービス等を受ける契約をした後、一定の期間内であれば理由なしに解約できる制度です。独立行政法人・国民生活センターでも宅地建物取引は適用対象としています。ただし、「店舗外での、宅地建物取引業者が売り主となる宅地建物取引」に限り、また期間は8日間（根拠条文：宅地建物取引業法第37条の2）となっています。ここでわかりやすく整理してみましょう。

クーリング・オフができるケース

1 売り主が宅建業者である

⇒ 売り主が宅建業者である個人または法人の場合は、
クーリング・オフの適用があります。

2 事務所等以外の場所での買い受けの申し込みであること

⇒ 仲介業者の事務所等以外の場所で、
買い受けの申し込みや契約をした場合。

例えば、ファミリーレストランやカフェ、ホテルのロビーなどに呼び出されて
買い受けの申し込みや契約をしたときはクーリング・オフが適用されます。

クーリング・オフができないケース

1 売り主が宅建業者でない個人または法人のとき

2 買い受けの申し込みを宅建（仲介）業者の事務所等（※）で行ったとき

3 クーリング・オフの適用期間（8日）以内に、買い主が物件の引き渡しを受け、代金を全部支払った場合

※買い主の申し出による「自宅または勤務先」は事務所等として扱われ、
クーリング・オフは適用されません。

20

廃墟になる中古マンションとは？

買い手もつかなくなるゴミマンションを見極める

中古マンションは、新築よりも手頃で購入しやすい、実際の物件を見て判断できるなど、いろいろなメリットがあります。しかし、絶対に譲れない３つのポイントがあります。１つは安全性。耐震性基準と固有周期の問題をクリアしていること。あとの２つは、意外と見落としがちですが、重要なことなので、契約前に必ず確認しましょう。１つは物件に管理費の滞納があるかないかです。管理費の滞納が何戸、どのくらいの期間であるかを確かめます。もしも複数で、半年以上も滞納があれば、そのマンションの管理組合は機能していない証拠になります。

もう１つは管理組合の財政が黒字であり、なおかつ戸あたりの修繕積立金が１５０万円以上あることです。マンションを購入するというのは、自分の間取りだけではなく、建物全体に関わる問題になります。管理費滞納を長期間放置していて解決できないというのは、マンション全体の修繕に関しても何もできないことにつながりますし、また修繕積立金が潤沢にないということは廃墟マンションになることが予想されるため、どんなにリノベーションしても住まいとしては価値がありません。

優良中古、廃墟マンションの分岐点

優良中古マンションか、いずれ廃墟になるマンションかの見極めは外観からはわからない場合が多いのです。仲介する不動産会社のチラシや物件概要からも読み取れないことがあるので、厄介です。選んだ物件が買ってはいけないマンションなのかどうか、チェックしましょう。

❶ 耐震

ⓐ新耐震基準をクリアしている?	Yes	No
ⓑ固有周期の問題はクリアしている?	Yes	No

※新耐震基準については108～109ページ参照

※固有周期については110～111ページ参照

❷ 管理費

ⓐ管理費の滞納がある?	Yes	No
ⓑ管理費の滞納戸数は?	1戸	2戸以上
ⓒ滞納期間は?	3カ月以内	6カ月以上

❸ 管理組合の財政状況と修繕積立金(戸あたり)

※築5年以上の物件の場合

ⓐ管理組合の決算(予算)は黒字である(借入金などがない)	Yes	No
ⓑ修繕積立金は戸あたり150万円以上ある	Yes	No

判定

❶新耐震基準をクリアしない物件は、安全性だけでなく、今後修繕が必要なときの融資基準を満たさないと判断され、適正な修繕ができずに廃墟マンションとなる可能性が大。

❷管理費の滞納を半年以上も放置していたとすれば、滞納者以上に管理組合が何も手を打たずにいたことが問題。管理組合が機能していないため、管理組合の重大な責務である長期修繕計画も実施できずに廃墟マンションへまっしぐらの可能性大。

❸新築の時点から管理組合が適正に機能していれば、決算書では黒字になり、借入金もないので健全です。赤字は大問題。赤字解消のために、管理費が突然2倍近く値上げされる危険性もあります。また築5年以上で修繕積立金が戸あたり150万円以上ない場合は、適切なタイミングでの修繕ができないために、老朽化がすすみ、資産価値のない不良物件となります。

column

中古マンションの引き渡し猶予期間とは？

中古マンションの売買では、売り主の買い換えのケースが多くみられます。ところが、売り主の買い換え物件のローン審査待ちなどで意外と引き渡し期間が長くなることがあります。リフォームを含めて1、2カ月で引き渡される中古マンションですが、ときには半年近くかかり、トラブルになるようなこともあります。また、契約書に明記していないこともある「引き渡し猶予期間」のことですが、これは一般的に2週間以内だといわれています。契約成立後も住み続けて、リフォーム工事業者も立ち入れない状況になると、工事も遅れて困ります。また、買い主が賃貸住宅を借りている場合には、引き渡しが遅れるだけ引っ越し予定も遅れ、家賃も日割り計算で多くかかることになります。したがって、契約時に、引き渡し猶予期間をしっかり明記しておくといいでしょう。

第４章――
立地・住環境を見極めるには

マンションの周辺や立地環境は、
属する用途地域で変化することもあるので、
入居後のこともふまえて、事前に確認を。
また、建物の安全性に大きく影響する
地盤についても調べておくべきです。
そのほか、居住空間に関わるセキュリティーや、
インターネットの整備環境などにも注目したいところです。

1

安全な立地を探すには？

防災を意識した地盤のよい土地を探そう

阪神・淡路大震災や東日本大震災を目の当たりにしたとき、果たして日本に安全な場所があるのだろうかと思い、古い文献を調べてみました。すると、同じような土地に同じような災害が起きていることがわかったのです。ふだん、気にすることはあまりないかもしれませんが、例えば、自分の住んでいるところが活断層の上だとわかれば、枕を高くして寝ることはできないでしょう。

この章では、利便性のよい立地という観点ではなく、本来の安全性を優先した立地を絞り込むことをテーマとします。

ある意味で防災を意識した「防災立地」は、マンション購入の重要ポイントであるにもかかわらず、残念ながらほとんど考慮されていません。免震マンションであれば安心というわけではないのです。暴風雨による土砂崩れや活断層による地滑り、軟弱地盤による地盤沈下、さらに土壌汚染など、立地にひそむリスクはさまざまです。そんなリスクを回避するためのヒントにも目を向けて住まい選びをしてみましょう。ふだんは考えない万が一の危機に向かい合ってみることも必要です。

安全・安心な立地環境を選ぶためのヒント

▶ 軟弱地盤を避ける ⇨ 140〜143ページ参照

⇒ 地盤が弱い土地は地盤沈下などのおそれがあるので、できるだけ避けましょう。また、災害に弱い土地に建つマンションは、地盤のよいマンションに比べて基礎工事に費用をかけて補強する必要があります。その分、上物である建物にかける費用が抑えられることもあり、同じ建築費用のマンションでも地盤の違いで建物のグレードが変わることも考えられます。

▶ 活断層を避ける

⇒ 活断層の上に建っているマンションは危険ですから、避けるべきです。しかし、デベロッパーも活断層の位置をすべて把握しているわけではありません。現在調査されている活断層マップを利用しても活断層を網羅できているわけではないのです。また、活断層があってもいつそれが地滑りするのか、地震を引き起こすのかは判定できません。それでも、活断層のあるエリアを避けることがリスク回避につながります。

▶ 地歴をさかのぼる ⇨ 146〜147ページ参照

⇒ 地歴とは、その土地の過去の歴史なので、さかのぼって調べていけば、どのように活用されてきた土地であるのかがわかります。例えば、地名から、田んぼだったとか、沼地だったなども判断できます。

▶ 土壌汚染の確認

⇒ 工場跡地など、危険な薬品を使用していた土地かどうかあらかじめ調べておきましょう。こうした土地は汚染されているリスクがあるので要注意です。土壌改良技術がすすんでいますが、放射能汚染のように完全に除去できないこともあります。

▶ 用途地域の確認 ⇨ 150〜151ページ参照

⇒ 用途地域は全部で12に区分されますが、主に住居系、商業系、工業系の3つに大別されます。住居としての良好な環境を求めるなら、住居系の用途地域の中でも制限の厳しい地域を選びましょう。

▶ 避難経路の確認

⇒ 災害が起きたときのためにも、必ず事前にチェックを。救急車など緊急車両がスムーズに通行できる道路に接していることや災害時に指定された緊急避難場所への経路が確保されているかどうかを調べます。マンションを取り巻く周辺の道路整備によって、被害拡大を防ぐことが期待できます。

2

地盤は盤石か?

自然災害に強い地盤こそ、マンションの適地

マンション選びで、地盤の善し悪しを真っ先に調べる人は少ないでしょう。マンションの場合、デベロッパーが建設計画の段階で、ボーリング調査をして地盤を調べます。マンションの基礎を構築するために固い支持層となる地層まで杭を打つので、問題がないように思えますが、軟弱地盤であれば杭を地中深くまで打ち込まなければならず、工費もかかります。軟弱地盤は地震に弱く、液状化現象や地盤沈下を引き起こしやすいので、家を建てる場所として好ましくありません。

では、よい地盤とはどういうものでしょうか? 地盤の固さは、土の粒子などの大きさも関係しますが、おおむね堆積した年月と密接に関わるといわれ、古いほど固いとされています。また地形からも地盤の特性がわかります。海抜が低いほうから低地、台地、丘陵地、山地となり、山地に近づくにつれて地盤が固くなると考えていいでしょう。しかし丘陵地などを造成地として切り崩した場合は、地滑りが起きやすくなるなど、問題が出る場合もあります。いずれにせよ、地盤の固いところを選ぶことが安全・安心を優先することになります。

災害と地形との関連

過去に起きた災害と地形を調査してまとめたものが以下の表です。
地形によって受けやすい災害の特徴を知るのに役立ちます。

地形		受けやすい災害
台地・段丘	高位面・上位面・中位面・下位面	ほとんどなし
	低位面	まれに内水氾濫
山麓堆積地		まれに土石流
低地の微高地	扇状地、自然堤防 砂（礫）洲・砂（礫）堆	土石流、河川洪水、内水氾濫、高潮洪水等
	砂丘	まれに津波
低地の一般面	谷底平野・氾濫平野 海岸平野・三角洲 後背低地・旧河道	河川洪水、内水氾濫、高潮洪水、地震・地盤災害
人工地形	水部の埋立地・干拓地 低地の埋土部・低地の盛土部 造成地の谷埋め部	河川洪水、内水氾濫、高潮洪水、地震・地盤災害

※国土交通省　ハザードマップポータルサイトより抜粋

地盤を調べるときに便利なサイト

『国土地盤情報検索サイト』
⇒ http://www.kunijiban.pwri.go.jp/jp/

国土交通省が行った道路・河川事業等の地質・土質調査の結果（ボーリング柱状図や土質試験結果）を検索して閲覧できます。

3

液状化の危険は？

埋め立て地など、軟弱地盤はハイリスク

マンションの安全性はどこまで考えればいいでしょうか？　地震については、耐震性を確保すべく免震工法などの建築技術がありますが、だからといって万全だとはいえません。災害が起きたとき、たとえマンションが壊れなくてもライフラインと呼ばれる水道、ガス、電気が不通になれば、住まいとしての機能は失われます。特に、埋め立てた土地に建てたマンションは、敷地やその周辺が液状化して孤立してしまうリスクがあります。実際、阪神・淡路大震災のときに神戸ポートアイランド周辺で噴砂するという現象が起き、東日本大震災では浦安で住宅が傾いたりしたことも報道されました。

埋め立て地は、建物の地盤としてはよくありません。技術的に地盤改良や基礎杭を深く打ち込んでいても、その地域の地質的特性ですから、建築に適した土地とはいえないのです。したがって、地震が多い日本では、埋め立て地や山間部に拓いた新しい造成地に建つマンションは長く住めるタイプではなく、常にリスクの高さがあるといってもいいでしょう。

液状化現象とは

地震の揺れによって、ふだんは固い地盤が液状になってしまうことを液状化現象といいます。地下水の水位が高く、ゆるい砂地盤でできた土地、おもに埋め立て地で起こりやすいのが特徴です。

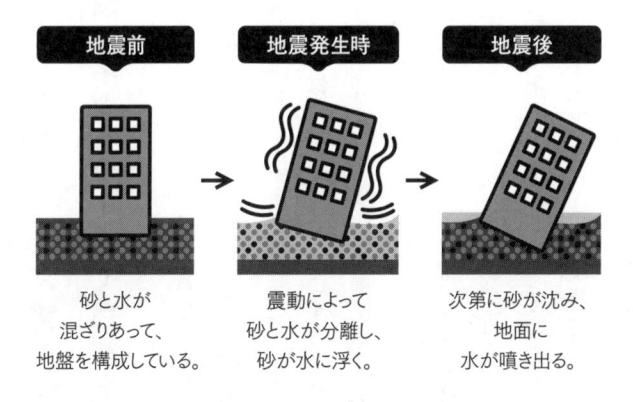

地震前　地震発生時　地震後

地震前
砂と水が
混ざりあって、
地盤を構成している。

地震発生時
震動によって
砂と水が分離し、
砂が水に浮く。

地震後
次第に砂が沈み、
地面に
水が噴き出る。

液状化によるトラブル

免震構造の最新マンションは、大地震などの災害に強いものの、地盤が軟弱なために液状化現象が起きると、周辺のライフラインなどがストップしてしまい、復旧に時間がかかります。マンション選びでは、マンションの建物と同時に、地盤も含む周辺環境まで考えておくといいでしょう。

建物が埋もれる、倒れる

地盤改良のための工事をすることとなり、
莫大な復旧費用がかかる可能性があります。

水道管・ガス管の破裂

ライフラインがストップするおそれがあります。

地面の裂けた箇所から砂混じりの水が吹き出す（噴砂）

マンホールが浮き上がるなどの現象が起き、
交通面に支障が出ます。

4

ハザードマップを活用しよう

全国規模のネットワークで自然災害を避けよう

「ハザードマップ」とは、自然災害による被害の軽減や防災対策に使用する目的で、被災想定区域や避難場所・避難経路などの防災関係施設の位置などを表示した地図をいいます。現在、国土交通省がネット上で「国土交通省ハザードマップポータルサイト」として公開して、各種情報を集約しています。一般にはさほど浸透していませんが、マンション選びにも活用できます。

例えば、２０１４年８月の広島県の集中豪雨による大規模な地滑りは、ある意味で人災でした。ハザードマップを活用していれば、防げたかもしれません。

マンション選びを考えるときには、その土地またはその周辺にどういう災害が起きるかを想定することも必要です。例えば、住まいの近くに川があれば、台風で氾濫する場合がありますし、大量の雨で崖が崩れる場合もあります。その参考になるのがハザードマップです。ここでは、浸水想定区域や洪水ハザードマップ、土砂災害危険箇所などの各種ハザードマップ情報がわかるようになっています。また、災害時に役立つ情報や防災に役立つ地理情報もあります。

ハザードマップで得られる情報

ハザードマップでは、災害に関する各種情報を集約しています。ここでは国土交通省のハザードマップポータルサイトを例にあげて、おもにどんな情報が得られるかを紹介します。

『国土交通省　ハザードマップポータルサイト』
http://disaportal.gsi.go.jp/#sougouka

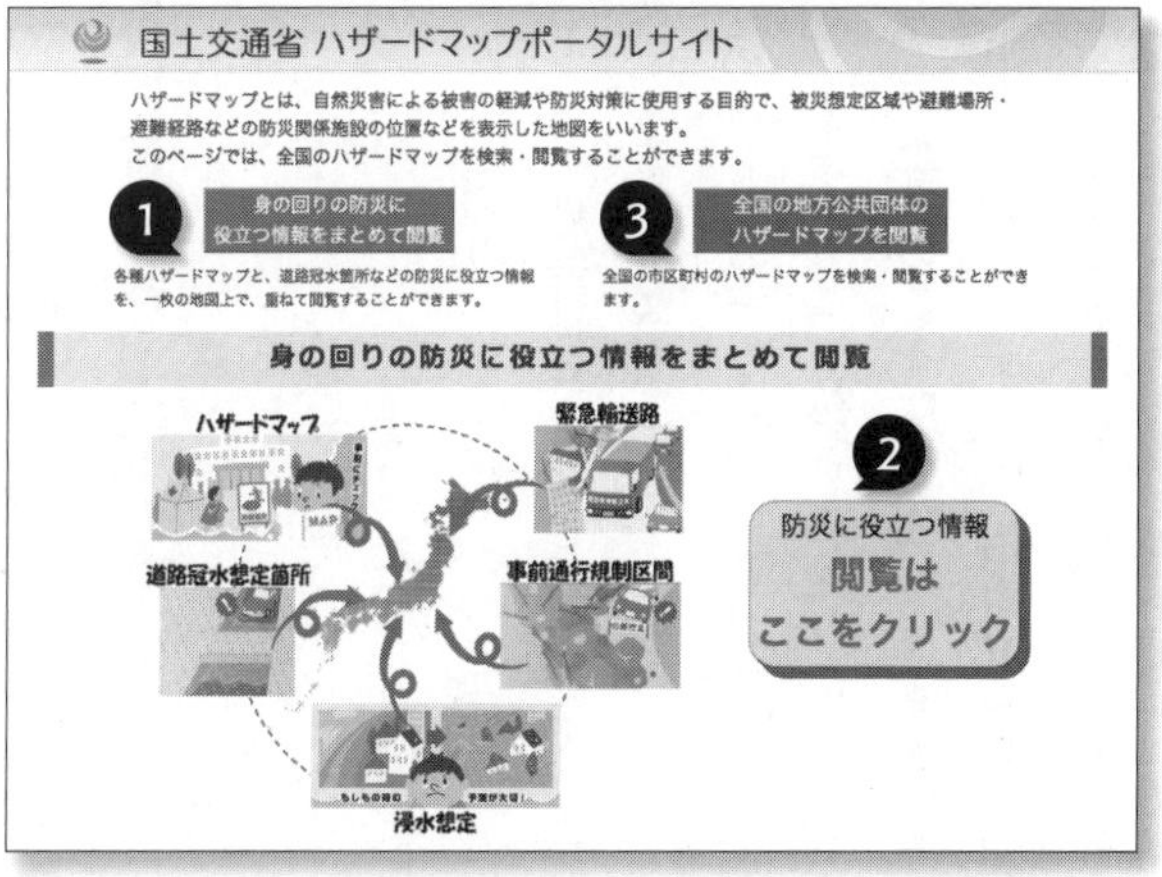

❶の次に❷をクリックすると

⇒身の回りの防災に役立つ情報をまとめて閲覧できる!

各種ハザード情報

- □ 浸水想定区域
- □ 洪水ハザードマップ
- □ 土砂災害危険箇所

災害時に役立つ情報

- □ 道路冠水想定箇所
- □ 事前通行規制区間
- □ 緊急輸送路　　など

❸をクリックすると

⇒全国の地方公共団体のハザードマップを閲覧できる!

洪水・地震など、見たいハザードマップを選び、次に地域を選択すると、その自治体のホームページにアクセスできるようになっています。そこから各地域のハザードマップを閲覧することができます（公開していない地域もあります）。

5

地図から「地歴」を読み解こう

古地図から発見する、意外な土地の歴史

地歴は、その土地がどのように利用されてきたのかを表します。例えば「新しく分譲されるマンションの土地は、以前は宅地だったのか？　田畑だったのか？」というようなときに、地歴を調べることで地盤のことや災害が起きたときのリスクも検討がつきます。

大手のゼネコンが建てるから、地盤は安全だと過信して、自分で地歴を調べないでいると、地盤沈下や地滑りが起きて大失敗するケースもあるのです。

地歴は土地の歴史をさかのぼることですから、具体的には「古地図」（住宅地図など）を見ると、数十年前の利用状況がわかります。もっと詳しく知りたい場合には、土地の登記簿を調べて、土地の所有者をさかのぼることで、土地のことがわかってきます。それでもすべてがわかるわけではありません。周囲の地名とその由来を参考にすれば、川や沢や谷、沼がどこにあったのかが推測できます。地名にそうした水に関する名前が含まれている場合は軟弱地盤が多いといわれていますし、水辺の動植物の名前が地名につけられている場合も同じだと考えていいでしょう。

地名から地歴を読み解くヒント

古地図は近隣の図書館に出かけて借りるのがいいでしょう。土地条件図、過去の河川の状態がわかる治水地形分類図や活断層がわかる都市圏活断層図などが備えてあれば、それらを参考に、マンションの周辺の土地の状況を把握します。

水に関する地名

水　流　潮　瀬
落　淵　沢　沼
池　川　など

水辺の動植物を表す漢字

鶴　葦　鴨　貝
鵜　蒲　など

現地を歩いて調査する場合

古地図など、土地の地歴がおおよそつかめたら、現地を歩いて回りましょう。例えば、水に関する地名だったとしても周囲に坂があれば、坂の上にあたるのか、坂の下にあたるのかで読み解きも違ってきます。水辺の上流か下流かによって、どちらがより軟弱地盤かの推測はできます。また、周辺の古い家を回って、コンクリート塀がひび割れていたり、電柱が傾いていないかをチェックすることで、地盤沈下の有無もおおよそ判断できます。また、近隣の人に直接聞いてみるのも有力な情報となります。

6

N値で地盤の善し悪しがわかる?

地盤の説明でN値を表記する物件は、軟弱地盤が多い

地盤の硬軟を判断する方法の1つに、ボーリング・標準貫入試験で測定する「N値」があります。ただし、これは土木工学の専門的な知識も必要になり、N値だけで地盤の硬軟をすぐに判断できません。埋め立て地に建つタワーマンションのカタログなどにN値50以上などの表記があっても参考にしかならないと考えましょう。

マンションのような巨大な建築物は重量も大きいため、地面に沈み込まないように基礎杭を何本も打ち込んでいます。その杭を受けとめる硬い地層（支持層）がなければ、基礎が安定せず地盤沈下を起こします。軟弱地盤で杭を深く打ち込まなければならないようであれば、基礎工事の費用が多くかかり、その分がマンション価格に転嫁されることになります。なお、地盤の硬さは、N値と支持層との関連で判断され、５ｍ以上の厚みのある支持層があれば、N値は30から50の間でもしっかりしているというのが土木工学的な見地です。しかし、N値を表記する物件に限って湾岸地域に建つケースが多いことから、周囲が液状化する場合のリスクも考慮するべきでしょう。

「N値」が気になる超高層タワーマンション

N値がマンションのチラシやカタログで表記されるようになったのは、埋め立て地に建てる高層マンションの場合です。これは、埋め立て地＝軟弱地盤のイメージを払拭するための広告的な戦略。地盤の善し悪しはN値だけでは判断できません。基礎杭をどの地層まで打ち込んで支持層とするのかによって、大きく変わってきます。また、地層が砂質、粘土質かによってもN値の解釈も違います。しかし、新宿都庁や池袋サンシャイン60や霞が関ビルのように、地下約23mの固い「東京礫層《れきそう》」に支持基礎を得ている好例があります。支持層がどういう地層か、また地下30mを超えるかどうかを目安に、N値を参考にする程度でいいでしょう。

7

用途地域で住環境は変わる？

住居系の用途地域でも規制には限界もある

用途地域は地盤の善し悪しと並んで重要なポイントで、土地の利用目的によって12種類に区分されています。住居、商業、工業向けに大別され、各用途地域で建築物も制限されます。住居用マンションを求める場合、厳しい制限を設けている住居系用途地域を上位から順番に並べると「第1種低層住居専用地域」「第2種低層住居専用地域」「第1種中高層住居専用地域」「第2種中高層住居専用地域」「第1種住居地域」「第2種住居地域」「準住居地域」となります。商業地は1日中日が当たらなくてかまわないという地域で、住環境としていいとはいえません。

また、工業系の用途地域になると、騒音や臭い、薬品による爆発などのリスクも出てくるために、住居用としては不適当でしょう。住居系用途地域の中でもボーダーラインとして考えられるのは、第2種中高層住居専用地域が目安になります。というのは、ホテルや旅館、ボウリング場、ゴルフ練習場などを建設できるのが「第1種住居地域」からで、マンションのすぐ隣にラブホテルが建つ可能性もあります。

住居系用途地域の おもな制限と特徴

住居系用途は7種類。用途地域で、利便性優先の住み心地エリアか永住エリアか、おおよその特徴が見えてきます。物件広告や、区役所・市役所などの建築課で確認できるので、事前に把握しておきましょう。

第1種低層住居専用地域

2階、3階建てまでの高さ制限があり、小規模の診療所や小・中・高校、図書館、老人ホーム、公民館の建設は可。

第2種低層住居専用地域

コンビニ店舗、喫茶店、理髪店も可。

第1種中高層住居専用地域

飲食店、大学、専門学校、専修学校も建築可。

第2種中高層住居専用地域

自家販売の食品製造・販売、加工業を含むパン屋、米屋、豆腐店などが可。

第1種住居地域

大規模な店舗、事務所の制限あり。
ホテル、旅館、ボウリング場、プール、ゴルフ練習場も可。

第2種住居地域

大規模な店舗、事務所もOK。
カラオケボックス、麻雀、パチンコ店、勝馬投票券販売所も可。

準住居地域

劇場や映画館、演芸場のほか自動車修理工場も可。幹線道路沿いの地域。

8

防災対策は万全か？

万が一の場合に備えた防災マニュアルも確認しよう

マンションは耐火性、耐震性のある住まいですが、大地震などで電気、ガス、上下水道などのライフラインが止まれば、エレベーターや給水ポンプが使えなくなり、階段による上り下りを強いられますし、飲料水やトイレを確保することも難しくなります。マンション選びでは、あらかじめ防災対策が万全かどうかを把握しておくことが重要です。共用部分では階段に手すりがあるか、また車椅子を使う場合、廊下やエントランスに段差がないか、避難経路について問題がないかを確認しておきましょう。中古マンションの場合は管理組合で防災マニュアルを作成したり、避難訓練を実施しているところもありますので、事前に確認するといいでしょう。なお、自治体がマンション向けの防災資機材購入費用を補助するなどの支援制度もあるので、入居後は積極的に活用することをおすすめします。また、専有部分では、日頃から防災を意識して家具転倒防止金具を取り付けて固定するほか、3日分程度の飲料水や非常食を備蓄し、ラジオ、懐中電灯などを用意しておきましょう。カセットコンロがあれば、非常時にも大いに役立ちますので、交換用ボンベの予備も忘れずに。

防災設備・対策面をチェック

より安全・安心なマンションライフを送るためにも、災害時に対応できる設備やシステムが整っているかどうかをしっかり確認しましょう。

チェックポイント

□ 入居者向けの防災マニュアルの用意がある

□ 避難経路は確保されていて、避難場所も決められている

□ 非常用飲料水や簡易トイレ、非常食などの備蓄がある

□ドアは地震時でも開閉できる耐震枠構造を採用している

□家具固定用下地補強が施されている
※特に大型テレビ、食器棚、本棚、洋服ダンス等の固定の確認は重要です。阪神・淡路大震災時は家具の転倒による死傷者が多かったデータがあり、建物の耐震化推進と同時に大型家具類の固定化の必要が叫ばれています。

中古マンションの場合はココもチェック

□ 自治体による優良マンション認定制度の指定を受けている

□ エレベーターに「地震時管制運転装置」(※1)、「戸開走行保護装置」(※2)が設置されている

□ 定期的に消防訓練・避難訓練を行っている

□ 管理組合で防災資機材(防火水槽や自家用発電機など)を用意している

※1 地震時管制運転装置：地震の初期微動を感知し、大きな揺れが来る前にエレベーターを最寄りの階でストップさせる装置のこと。震動の大きさによって運転を制御できます。

※2 戸開走行保護装置：エレベーターのドアが開いた状態で、かごが動き出した場合に感知して、ドアが開いたまま動かないようにする保護装置。かごと床との間が 1m 以上あいているうちに運転をストップし、挟み込みや落下を防止します。

9

セキュリティーはどこまでできる?

安全性と利便性のバランスも考えよう

マンションを選ぶときに「オートロック」「24時間セキュリティー」「防犯カメラ」など、セキュリティー体制をチェックする人がいます。最近のマンションは、このようなセキュリティーシステムが標準搭載されています。例えば、ある高層タワーマンションでは、ホテルのようなカードキーになっていて、エレベーターの乗降時にもカードがないと希望の階へ行けません。エントランスのオートロックを解除しただけでは、訪問客はエレベーターにも乗れないというわけです。ここまで二重、三重のセキュリティー体制が必要かどうかは、個人の問題です。エントランス、エレベーター、駐車場、非常扉など、セキュリティー体制がどの程度必要なのかを考えましょう。

もしもマンションの共用部分のセキュリティーだけで心配なら、専有部分にオプションで追加できるセキュリティーサービスもあります。また、中古マンションでも後付けでオートロックを設置することもでき、さらに防犯カメラシステムの導入も可能です。管理組合で話し合い、資産価値を上げるためにもぜひ導入を検討しましょう。

マンションの
セキュリティーサービス

マンションの規模、管理仕様によってさまざまなセキュリティーシステムを導入しており、共用部分を中心に、各専有部分と連動しているセキュリティーサービスが多くなっています。どんなものが備え付けられているか、あらかじめ確認しましょう。

▶ 入退室管理

（エントランス・オートロックシステム、地下駐車場など）

⇒ エントランス、管理員室などの入退室を管理し、居住者以外の人が勝手に入り込まないオートロックシステムと連動しています。

▶ 監視カメラシステム

（エントランス、エレベーター、駐車場、共用階段、廊下等設置）

⇒監視カメラで、エントランスの出入り、訪問者の全映像を記録、また場合によっては音声も同時録音も可能です。
事故、事件などが発生した場合の確認、証拠として警察に提供できます。

▶ インターホン＋機械監視システム

（火災報知器、ガス検知機、非常報知等連動）

⇒エントランスのインターホンと専有部分のインターホンのTVモニターによる訪問者の確認のほか、火災報知器やガス検知機と連動して、管理員室や警備会社へ自動通報します。

▶ 常駐警備（24時間有人警備など）

⇒ 管理員とは別に、警備員が常駐して巡回警備します。

▶ エレベーター

⇒ 24時間の遠隔監視にて稼働状況を把握しています。
またエレベーター内部の監視カメラ、カードキーによる停止階制限セキュリティーなどもあります。

10

日当たりのいい物件を探す方法

在宅時間を考えて、部屋の向きを選ぼう

マンションで日当たりのいい物件を探すのは非常に難しい問題です。実は、建築基準法も日当たりを確保してくれません。よく専門家は日当たりのことを「日影規制」と言い換えますが、これは、ある程度の日当たりを確保するための規制であって、よい日当たりを確保できることとはイコールではありません。近隣に別のマンションが建設されたら、いままで日当たりがよかった部屋も日陰になるかもしれないのです。こうした複合日影問題については解決策がありません。そこで、そうならないために、できるだけ日当たりを確保できるヒントを紹介しましょう。用途地域（１５０〜１５１ページ参照）はできるだけ制限の厳しい地域に絞ります。南向きであることが基本、東や西向きでもいいでしょう。周辺に空き地や駐車場など、まとまった土地があれば、いずれ何かが建設されると考えるべきです。

また、角部屋が多くなる中高層のマンションなら3階以上を選びましょう。なぜなら用途地域の「第１種中高層住居専用地域」は４ｍ（２階の窓の高さ相当）で日影時間を測定するためです。

日当たりを確保しやすい用途地域と階数の目安

日影規制は、日照時間を保証するわけではありません。用途地域によって日影の測定面の高さが異なります。例えば、1.5mで測定する地域と4mまたは6.5mで測定する地域では、マンションの階数によって日当たりが大きく変わります。なるべく測定面よりも上になる階数にこだわるのも1つです。1.5mで測定する地域なら2階以上、6.5mで測定する地域なら5階以上を目安に選んでみましょう。

日影規制一覧表

地域または区域	制限を受ける建築物	日影の測定面の高さ	種別	敷地境界線からの水平距離が5mを超え、10m以内の範囲における日影時間	敷地境界線からの水平距離が10mを超える範囲における日影時間
第一種低層住居専用地域 第二種低層住居専用地域	軒の高さが7mを超える建築物または地階を除く階数が3以上の建築物	1.5m	(一)	3時間 (北海道2時間)	2時間 (北海道1.5時間)
			(二)	4時間 (北海道3時間)	2.5時間 (北海道2時間)
			(三)	5時間 (北海道4時間)	3時間 (北海道2.5時間)
第一種中高層住居専用地域 第二種中高層住居専用地域	高さが10mを超える建築物	4mまたは6.5m	(一)	3時間 (北海道2時間)	2時間 (北海道1.5時間)
			(二)	4時間 (北海道3時間)	2.5時間 (北海道2時間)
			(三)	5時間 (北海道4時間)	3時間 (北海道2.5時間)
第一種居住地域 第二種居住地域 準居住地域 近隣商業地域 準工業地域	高さが10mを超える建築物	4mまたは6.5m	(一)	4時間 (北海道3時間)	2.5時間 (北海道2時間)
			(二)	5時間 (北海道4時間)	3時間 (北海道2.5時間)
用途地域の指定のない区域	軒の高さが7mを超える建築物または地階を除く階数が3以上の建築物	1.5m	(一)	3時間 (北海道2時間)	2時間 (北海道1.5時間)
			(二)	4時間 (北海道3時間)	2.5時間 (北海道2時間)
			(三)	5時間 (北海道4時間)	3時間 (北海道2.5時間)
	高さが10mを超える建築物	4m	(一)	3時間 (北海道2時間)	2時間 (北海道1.5時間)
			(二)	4時間 (北海道3時間)	2.5時間 (北海道2時間)
			(三)	5時間 (北海道4時間)	3時間 (北海道2.5時間)

※規制される日影は、冬至日における真太陽時の午前8時から午後4時まで(北海道の区域内は午前9時から午後3時まで)の間に生ずる日影。

※商業地域内の建築物であっても、高さが10mを超える建築物は、他の規制区域に影を落とす場合、影を落とす区域の規制を受けます。

11

採光について

明るさが心地いい部屋は、くつろげる住環境がある

間取りとともに、採光も確認しておきましょう。例えば、角部屋であればどこに窓があるのか、またその窓の外には障害物がないかもチェックを。また、共用廊下に面した玄関に明かりとりがあるかは重要です。もしも明かり窓がない場合は、日中でも電灯をつける必要が出てきます。明かりとりがもうけられていれば自然光が射し、玄関に開放感も出てきます。玄関以外では、採光設計をしにくいバスルームとトイレなどの水まわりでも、工夫を凝らして通風と自然光を取り込んでいる場合もあります。いずれにしても採光がない空間や居室は、圧迫感が強く、くつろげません。実際、集合住宅の居室では床面積の7分の1以上の窓面積が必要とされるほど、採光がもたらす快適性と精神的影響が考慮されています。カタログやモデルルームでも意外と見落としがちな採光ですが、できるだけ自然光が射し込む開放感と居室の照明を組み合わせた明るさをポイントに確認しておきましょう。

なお、シーリング照明は間取り表示より一回り上のものを選べば、明るさの調整もしやすく快適です。

運気がアップする、明るい部屋づくり

住まい選びで風水を気にする人も少なくありません。科学的なデータはわかりませんが、吉方位や色相などの組み合わせで暮らしの中のリズムが変わると信じられています。お店の前に清めの盛り塩をするのも暮らしの知恵の１つです。採光は、暮らしの中で快適な住空間づくりに欠かせない要素です。特に自然光に触れたり、日光に当たることで交感神経が刺激され、ホルモンバランスも微妙に変わるといわれ、精神衛生上もいいとされています。例えば、自然光が射しにくい玄関なら電灯の明るさを１つ上げてみたり、白色蛍光ではなく、やわらかな電球色のものに変えたり、間接照明を取り入れると雰囲気ががらりと変わります。明るくなれば、視野も広がりますので、気に入った絵画や写真、生け花を飾ることで、ますますその空間が心地よく感じられるようになります。明るい部屋づくりを心がけていると、どんどん快適な空間になり、住む人の気分もあげてくれます。そういう住まいづくりが、運気アップにも結びつくのです。

12

インターネット環境をチェック

高速ネット時代を快適に活用するために

最新のマンションは、光回線の導入がスタンダードです。しかし、高層タワーマンションなど、20階以上の階数になれば携帯電話が通じにくくなったり、予期せぬ通信環境になることもあるといわれます。スマートフォンやタブレットの普及によってＷｉ－ｆｉによる通信やネット利用が広がっていることで、今後どこまで整備されるかも問題でしょう。光回線が導入されているだけでは不十分で、拡張性があるかも確認しましょう。

今後、家電とインターネットの融合で、ネット家電が広がれば、例えば、帰宅前に遠隔操作によってお風呂を自動で沸かしたり、洗濯機を稼働させて帰宅したときには洗い終わっていることもふつうになるでしょう。大容量のデータ通信を活用するビッグデータ時代に備えたマンションかどうかもポイントです。

また、中古マンションでは、マンション全体でケーブルテレビや光回線の導入がされているところも増えているので、選ぶ際に確認しておくとよいでしょう。

インターネット環境の種類とメリット・デメリット

マンション全体でインターネットを導入しているといっても、全戸一括でプロバイダ契約をしている場合と、単に光回線を導入しているだけなど、違いもあります。チラシなどで、どんなタイプなのかを確認しておきましょう。また、それぞれのメリット・デメリットも知っておくとよいでしょう。

全戸一括でプロバイダ契約をしている

▶ メリット

- 通常の料金よりも安く利用できる。
- 工事や設定が不要。

▶ デメリット

- プロバイダを自由に選べない。
- インターネットを利用しない場合であっても、管理費とともに使用料が請求される。

回線のみ引き込んでいる

▶ メリット

- プロバイダを自由に選べる。
- 自分の必要なスペックのルータ等の機器が選べるので、自由にカスタマイズすることができる。

▶ デメリット

- 使用前に手続きが必要。
- 各住戸への引き込み工事代金などが発生する。

column

セカンドハウスにリゾート地を選ぶ？

マンションの立地や住環境を考えてリゾートマンションを候補にする人もいます。特にセカンドハウスとして別荘感覚で手軽に利用するには、リゾートマンションはうってつけです。季節によっては、都心とは比べものにならないほど快適で自然にあふれています。しかし、厳しい自然環境下に建っているマンションは傷みやすく、やはり快適性を維持するためには、より適正なタイミングでの修繕や補修が必要になります。リゾートマンションの中には、賃貸料程度で購入できる物件も少なくありません。ところが管理費や修繕積立金が非常に高くなっています。こうしたマンションの所有権はトランプのババ抜きと同じで、誰かに売却しない限り持ち続けなくてはなりません。リゾートマンションでも売却できるかどうかを基準に選ぶことが何より重要になります。

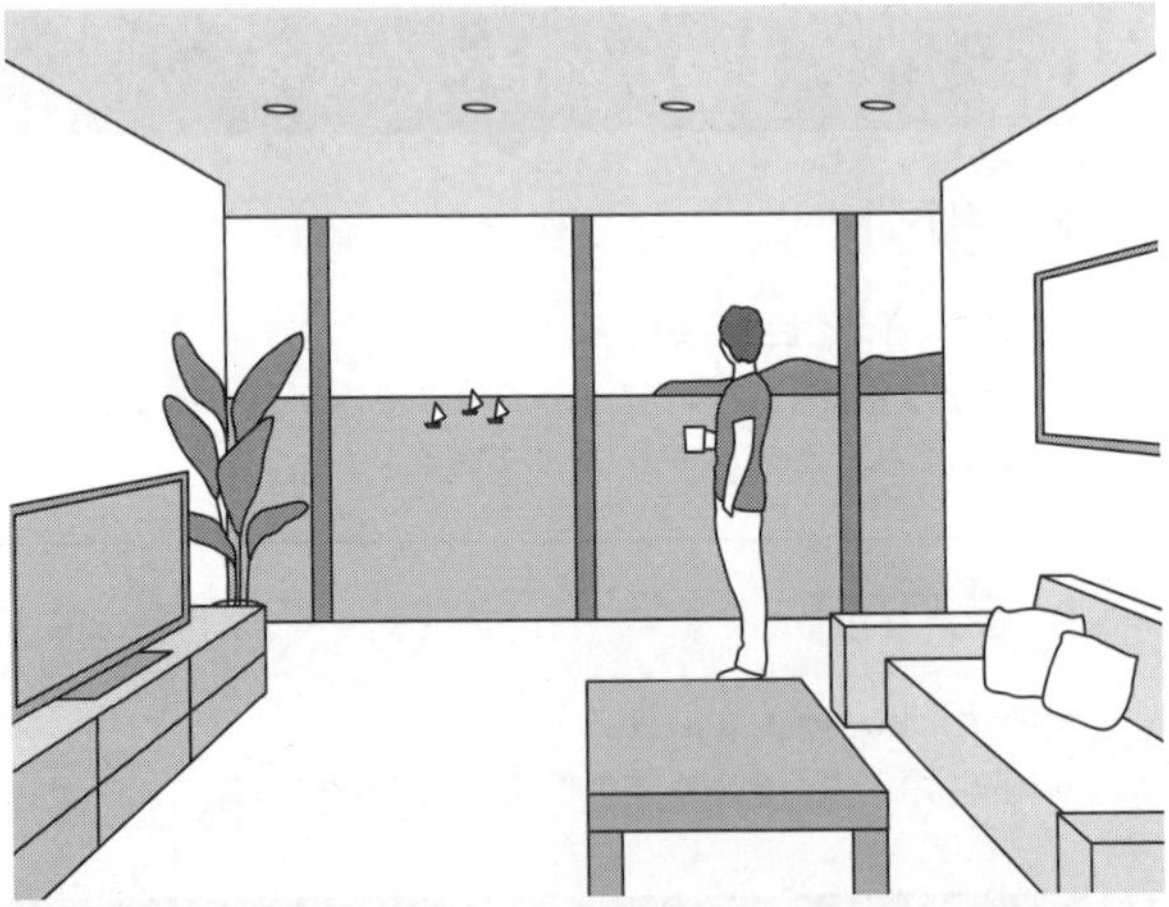

第５章――

住宅ローンと契約について

希望のマンションを見つけたら、
いよいよ購入手続きに入ります。
ここでは基本的な住宅ローンの借り方や税金などの費用面、
契約時に必要な手続きについて解説します。
マンション購入をスムーズにするためにも、
しっかり理解しておきましょう。

1

住宅ローンの申し込みから契約までの流れ

毎月の返済額は無理のない範囲で、借入金額を検討する

マンションの購入を決めたら、購入資金を検討します。頭金はどの程度用意できるのか、住宅ローンはいくら借りられそうか。また、借り入れをするにあたっての返済計画も考える必要があります。ほとんどの人が金融機関で住宅ローンを組んで、長期にわたって返済する方法を選択します。

では、ここで住宅ローンの申し込みの流れを見てみましょう。

住宅ローンは、いきなり申し込みをするわけではありません。マンションの購入申し込みをするときに、住宅ローンが借りられるかどうかの見通しが必要になります。サラリーマンであれば、年収や勤続年数などの情報から事前に審査が行われます。この事前審査をパスすれば、本審査になりますが、その前にマンションの売買契約を結びます。なお、自営業の場合は、金融機関によって若干の差はありますが、直近の3年間分の確定申告書の提出を求められます。住宅ローンを利用するつもりでいるなら、事前に用意しておくと審査をスムーズに受けられます。本審査をパスしたら、ローン契約を結んだ後に融資が行われます。

マンション購入と住宅ローン契約までの流れ

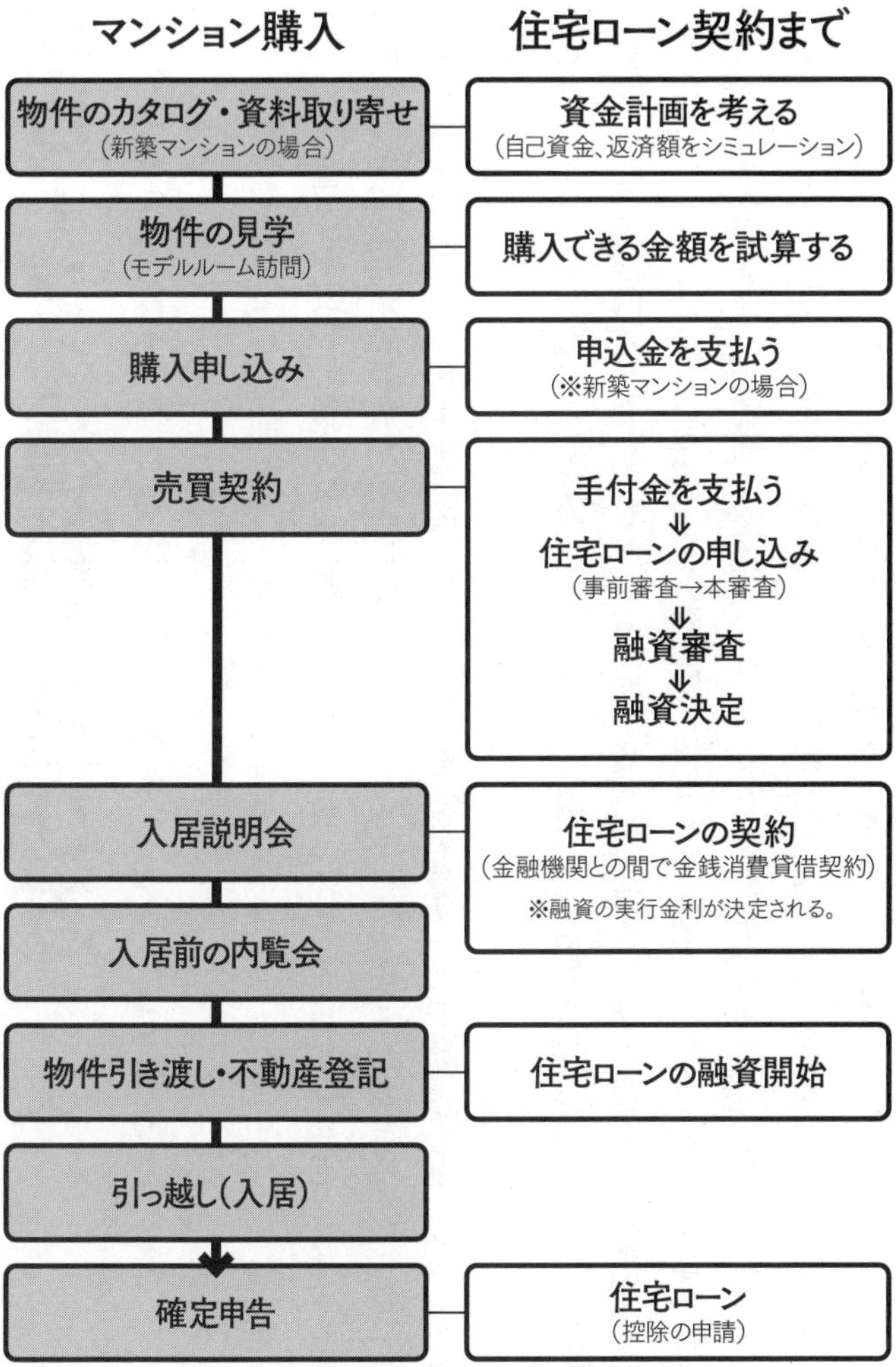

※新築物件の場合を基本にしているため、中古物件の場合は若干異なります。

住宅ローン申込時に必要な書類
- ＊本人家族全員が記載された住民票
- ＊印鑑証明書（在住の市区町村で登録したもの）
- ＊印鑑証明書に登録した実印
- ＊本人確認書類（健康保険証、運転免許証など）
- ＊収入証明資料（源泉徴収票、確定申告書、住民税課税決定通知書）など

2

住宅ローンの種類と選び方

どこで、いくら借り入れるのか。金利をチェックして決めよう

住宅ローンの種類としては、民間融資、公的融資、協調融資の3つがあります。代表的なのは「銀行ローン」や「フラット35」「財形住宅融資」で、ほかに自治体によるローンがあります。長期固定金利か変動金利か、元利均等返済か元金均等返済をどのように選び組み合わせるかで、毎月返済するローン額も微妙に変わってきます。住宅ローンは、自分が借りられる限度額よりも低く抑えておくのが鉄則です。

ローンの選択では、まず公的融資を検討しましょう。続いて、財形住宅融資、フラット35を優先します。変動金利は短期的に有利かもしれませんが、景気に左右されない長期固定金利が安心です。また、マンションによってはデベロッパーが金融機関と提携して用意したローンもあります。提携ローンのために、手続きが簡便で金利面で優遇されるなどメリットもあります。ただし、希望するような提携ローンがなかったり、提携の不動産会社に融資手数料などが発生することもあります。中古物件でもフラット35を申し込める場合があるので、最初に検討しましょう。

住宅ローンの種類

銀行ローン

銀行・信用金庫・信用組合・労働金庫の住宅ローン。借入条件によって金利が異なります。各金融機関に問い合わせて比較してみましょう。

フラット35

住宅金融支援機構（旧住宅金融公庫）が民間金融機関と住宅金融支援機構が提携して提供している長期固定金利住宅ローン。金利は各金融機関で異なりますが、長期固定金利のローンで、融資額は最高8,000万円、物件価格の90%（金融機関によっては100%）まで融資してくれます。住宅金融支援機構が定めた技術基準をクリアしている条件などがあります。

財形住宅融資

財形貯蓄を1年以上継続し、貯蓄残高が50万円以上ある方を対象とした融資です（財形貯蓄残高の10倍の額で最高4,000万円までの融資）。

自治体融資

自治体が住宅取得に際して貸し付けるもので、自治体で実施していない場合もあります。貸付条件など制限がありますが、金利など民間のローンよりもメリットがあり、検討してみる価値はあります。

提携ローン ほか

信販会社やクレジット会社などの住宅ローンもあり、ノンバンクローンと呼ばれます。また最近は、デベロッパーやハウスメーカーなどが金融機関と提携した長期固定金利型のローンなども提供しています。このほか、JAや生命保険など組合員や加入者を対象にしたローンもあります。

3

住宅ローンの金利もさまざま

固定金利型か変動金利型か、リスクを考えながら選ぶ

住宅ローンの借入期間は、長くなればなるほど、わずかな金利の違いによって返済額が数百万円も違ってきます。金利に関しては固定型と変動型と選択型の3つがあり、それぞれ一長一短があります。「固定金利型」は、借入時に設定された金利により、返済総額が確定できるので安心です。返済プランを立てやすいのも魅力です。借入期間すべてを固定金利にするものを「全期間固定金利型」、ある一定期間だけ金利が固定できるものを「固定金利期間選択型」と呼びます。「固定金利期間選択型」は、例えば、当初3年間だけ固定金利で、その後は金融情勢によって金利が変動するというもので、固定金利と変動金利をミックスしたタイプです。「変動金利型」は、その名前のとおり金融情勢によって金利が変動するものです。変動するために、借入時に返済総額がわからず、不安が残ります。ただし、固定金利型よりも金利は低く、短期的には有利な面もあります。

固定か変動か、悩むところですが、繰り上げ返済やローンの借り換えができるのかどうかも確認してから選びましょう。

住宅ローンの金利3つのタイプ

一般的な住宅ローン

固定金利期間選択型や変動金利型は、最終的な返済額が確定しません。

固定金利期間選択型

「当初3年間○%」など、一定期間に固定金利が適用されるタイプ。固定金利期間が終了した後の金利は、住宅ローン商品によって異なります。

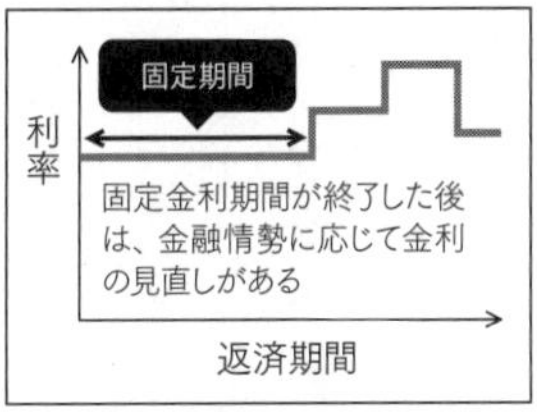

変動金利型

金融情勢の変化で定期的に金利が変動する（返済金額が変わる）タイプ。原則として半年に1度、短期プライムレートの変動に応じて適用金利が変わります。

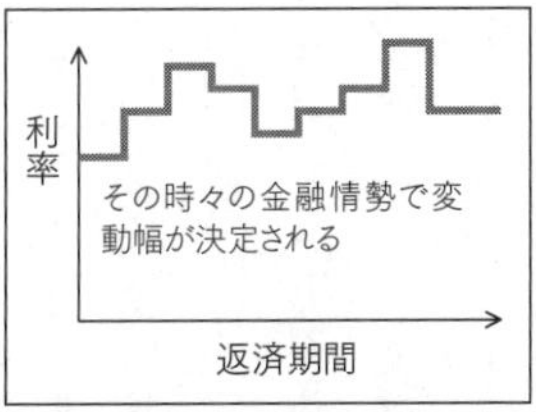

フラット35長期固定金利型

借入時に全額返済期間の金利・返済額が決定するタイプ。

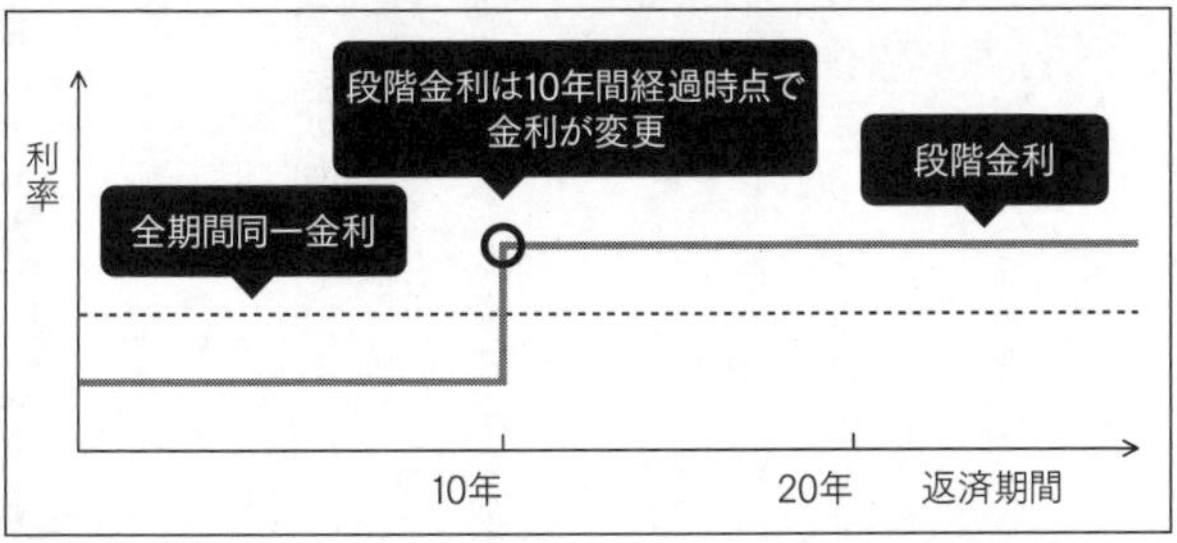

※固定金利型ローンなら、借入時に毎回の返済額が確定しているので、計画的な返済が可能。
※フラット35には、借入期間すべてにおいて金利が固定されている全期間固定型とフラット35Sのように当初一定期間の金利を減免する段階金利型があります。

4

住宅ローン返済のシミュレーションをしよう

均等払いで、月々の返済額が小さくなるように考える

このページでは、住宅ローンの返済方法によって返済額がどう変わるかを説明しましょう。

住宅ローンの返済方法には、「元利均等返済」と「元金均等返済」の2つがあります。1文字違うだけのように思われるかもしれませんが、「元利」と「元金」の違いを理解すれば、返済方法を選ぶときの参考になります。

「返済額」は、元金と利息を合わせたものです。その元金と利息をどういう割合で支払うかの違いですが、同じ返済期間であれば返済方法によって返済総額も違ってきます。最近は、各金融機関や「フラット35」のホームページで、借入額、期間、返済方法（毎月均等、ボーナス併用）などを入力すると、簡易的に金利ごとの返済総額、毎月の返済額が計算できます。

シミュレーションでは、ローンの借入金額によって返済額が変わりますが、数字だけを見ていると感覚がマヒしてきて、100万円や200万円の借り入れを増やしても大差がないように思うことがあります。しかし、返済額をできるだけ小さくすることを常に考えておきましょう。

住宅ローンの返済方法

元利均等返済

返済額が一定になり、返済計画が立てやすくなります。元金均等返済に比べると、当初は利息分の割合が多く、元金返済がほとんどできていないことになります。

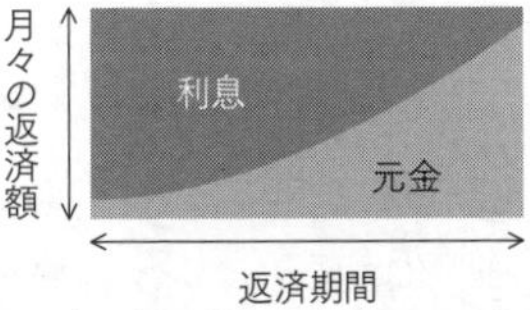

元金均等返済

返済額は返済期間が進むにつれて少なくなります。元利均等返済に比べて、返済当初は返済額が高くなりますが、同じ返済期間であれば元利均等返済よりも返済総額は少なくなります。

【参考】元利均等返済と元金均等返済の比較
（借入金2,000万円、固定金利3.2%、返済期間30年）

元利均等返済　（単位：円）

	毎月返済額	元金部分	毎月返済額に占める元金割合	利息部分	毎月返済額に占める利息割合	借入金残高
1年目	86,493	34,146	39.5%	52,347	60.5%	19,596,190
5年目	86,493	38,802	44.9%	47,691	55.1%	17,845,488
10年目	86,493	45,525	52.6%	40,968	47.4%	15,317,684
15年目	86,493	53,413	61.8%	33,080	38.2%	12,351,911
20年目	86,493	62,667	72.5%	23,826	27.5%	8,872,281
25年目	86,493	73,525	85.0%	12,968	15.0%	4,789,769
合計A	31,137,403	20,000,000		11,137,403		

元金均等返済　（単位：円）

	毎月返済額	元金部分	毎月返済額に占める元金割合	利息部分	毎月返済額に占める利息割合	借入金残高
1年目	107,258	55,555	51.8%	51,703	48.2%	19,333,340
5年目	100,147	55,555	55.5%	44,592	44.5%	16,666,700
10年目	91,258	55,555	60.9%	35,703	39.1%	13,333,400
15年目	82,370	55,555	67.4%	26,815	32.6%	10,000,100
20年目	73,481	55,555	75.6%	17,926	24.4%	6,666,800
25年目	64,592	55,555	86.0%	9,037	14.0%	3,333,500
合計B	29,626,585	20,000,000		9,626,585		

A-B	1,510,818

※「フラット35」ホームページより

住宅ローンは「フラット35」を基本に

住宅金融支援機構が提携する融資を検討する

住宅ローンは民間金融機関で契約する人が多いのですが、なかでも長期固定金利で35年の借入期間がある「フラット35」を基本に、返済プランを考えてみることをおすすめします。

フラット35は、民間金融機関と住宅金融支援機構が提携して融資する長期固定金利住宅ローンです。借入時に返済の総額が確定するために、返済計画が立てやすいメリットがあります。金利がずっと固定されているという安心感が最大の魅力でしょう。ただし、金融機関によって金利は異なりますから、比較してみることを忘れずに。

フラット35は、長期固定金利というだけでなく、マンションが融資にふさわしい住宅技術基準をクリアしているか第三者機関により検査されるため、マンション品質を裏付けるという意味でも魅力あるローンです。また、フラット35は中古マンション購入にも利用できる場合がありますし、あわせてリフォーム工事代金をまとめて1つのフラット35（リフォーム一体型）で借り入れすることができる場合もありますから、一度近くの金融機関で相談してみましょう。

フラット35の利用条件

▶利用できる人

- 申込時の年齢が70歳未満、最終返済時80歳未満である。
- 年収に占めるすべての借入金の年間返済額(フラット35も含む)の割合が下記基準を満たしている。

年収	400万円未満	400万円以上
基準	30%以下	35%以下

▶利用対象となる住宅

- マンションの場合は床面積が30㎡以上。
- 購入価額が1億円以下(消費税込)。
- 住宅金融支援機構の定める技術基準に適合している。
(別途「適合証明書」の取得が必要)

フラット35の技術基準についてはこちらを参照

『新築』⇒ http://www.flat35.com/tetsuduki/shinchiku/tech.html
『中古』⇒ http://www.flat35.com/tetsuduki/cyuko/tech.html

中古住宅の場合

- 申し込みの時点で、竣工から2年を超えている住宅。
またはすでに人が住んだことのある住宅。
※建築確認日が1981(昭和56)年5月31日(建築確認日が確認できない場合、新築年月日(表示登記における新築時期)が1983(昭和58)年3月31日)以前の場合、機構の定める耐震評価基準等に適合しているか確認する必要がある。

▶借入額

100万円以上8,000万円以下(1万円単位)。

詳細は「フラット35」ホームページを参照
⇒ http://www.flat35.com/

6

住宅ローンのリミットを考える

借入金額とともに、返済完了時の年齢を考えよう

マンション探しをしていると、自分の希望条件がどんどん細分化することがあります。そうなると、物件価格も次第に高くなっていきます。例えば、5000万円のマンションと8000万円のマンションを単純に比べると、さまざまな点で8000万円の物件がハイグレードだとわかります。敷地や間取りの広さ、内装のゴージャスさ、施設設備の充実度など、要素はいろいろです。しかし、住宅ローンを借りる以上、審査に通らないとマンション購入ができません。

はたして、自分の月収、年収でいくらのローンが組めるのか、考えてみましょう。物件を比較検討ばかりしていると、当初に考えていた予算額をはるかにオーバーするケースがあります。例えば、夫婦の場合、専業主婦の妻がパートや派遣社員で働きに出ると想定し、当初の予算よりも500万円から1000万円以上の物件まで検討しはじめると、ローン地獄に陥りやすくなります。毎月の返済は無理のない金額に設定し、そこから自分が借り入れできる金額の上限を定めるのも一案です。

家賃並みの支払いで マンションが買えるのか？

不動産会社のセールストークに、「家賃並みの支払いでマンションが買えますよ」というものがあります。賃貸住宅に住んでいる人にとっては、魅力的な言葉に響きます。賃貸料を何年払い続けても自分の家になるわけではありませんので、同じお金を払うのであれば自分の家を持ちたいと誰もが思います。「頭金ゼロでもOK」などというセールストークもありますから、ますます気持ちは揺れ動き、分譲マンションの購入を検討してみようとなります。結論から言えば、こうしたセールストークは信用しないことです。

仮に家賃並みで買うことが可能であっても、マンションを購入することで毎年、固定資産税は払うことになりますから、賃貸住宅に住んでいたとき以上に住宅関係費はかかると考えておきましょう。

住宅ローンを組むなら、 年収の何倍までがよいのか？

不動産会社や住宅情報誌などでは、年収の5倍までを目安にしているケースが多いようですが、これは消費者側のことを考えていない数字です。仮に年収400万円で5倍のローンを組むと2,000万円になり、年収800万円の人なら4,000万円の借り入れができると考えます。これに頭金などの自己資金を足せば、購入できる最大の金額が算出できますが、購入することばかりに気持ちが向き、返済のことを軽視しがちです。長期にわたって返済する住宅ローンは、借入金額が増えれば月々の返済額の負担も大きくなり、日々の暮らしにも影響します。ローンの返済額が年収の3割を超えないように、また年収ベースで考えるなら、4倍までを目安にすると返済も楽になります。

頭金はどのくらい用意すればいいか？

頭金ゼロでの購入は避けて、できるだけ用意しておこう

新聞折り込みや投げ込みのチラシで、「家賃並みでマイホーム取得できる！」「頭金なしで購入可」など、怪しげなキャッチコピーでマンション販売をしているケースがあります。マイホームを購入する気持ちがない人でも、頭金がいらないと聞けば、少し前向きに検討しようと考えるでしょう。実は、それが目的だといってかまいません。実際に、頭金なしでも購入できないわけではありませんが、ローンの借入金を少なくするためにも頭金があるほうが、ローン返済額も低く抑えられますし、支払う金利も少なくなります。では、頭金はどのくらいあればいいのでしょうか。物件価格の15％から20％前後が望ましいといわれますが、実際は10％前後のケースが少なくないようです。

また、頭金のほかにマンション購入時には諸費用がかかってきます（178〜179ページ参照）。マイホームを取得すると、引っ越しで家具や家電などを新調するなど出費もかさみます。やはり、マンション購入にあたって、最初から頭金なしで考えるのは避けたいものです。

マンションの頭金、購入のための資金計画について

住宅ローンの借り入れを増やさないため、少しでも頭金を多くしたいところですが、預貯金をすべてはたいてしまうと家計的にも不安です。また引っ越し費用や家具や家電製品の買い換えなどでも出費がかさみますので、家計にゆとりを持った購入計画を立てましょう。

マンションを購入するとかかる費用

8

マンション購入時の「諸費用」って？

マイホームを取得するにあたっての必要な費用

マンションを購入するときに「諸費用」と呼ばれるお金が必要になります。これは、マンションの取得者の税金・登記費用、ローン事務手数料、保険料、管理費・修繕積立基金などの費用です。税金・登記費用としては手続きにかかる印紙税や登録免許税、不動産取得税に固定資産税等のほか、それら手続きを代行する司法書士の手数料があげられます。ローン事務手数料や保険料には、住宅ローンを組むにあたっての保証取扱手数料や保証料、融資条件となる団体信用生命保険料や火災保険料などが含まれています。

マンション購入時には、これらの諸費用についての詳細な内訳と説明は、不動産会社の担当者から直接聞くことになりますので、よく内容を確認しておきましょう。

また、この諸費用は分割払いができる項目以外は現金払いとなります。おおよその目安としては、物件価格の5～8％程度といわれています。頭金が少なくても、諸費用のほか引っ越し費用、家具や家電をそろえるなど、出費が重なります。あらかじめ余裕をもって用意しておきましょう。

マンション購入で必要な諸費用など

住宅ローンをのぞいて、現金で用意すべきものは頭金と引っ越し費用程度だと思っていませんか？　意外とかかるのが「諸費用」。これはマンションの取得にあたっての税金や登記費用、保険料などになります。現金払いになるので、事前に確認しておきましょう。

税金・登記費用

- 印紙税
- 不動産取得税、固定資産税
- 司法書士手数料

ローン

- 事務手数料
- 保証料

保険料

- 団体信用生命保険料
- 火災保険料
- 地震保険料

管理費・修繕積立基金

仲介手数料（中古の場合）

その他の費用

照明・家電・家具調度品などの費用

- 各部屋の照明、エアコン設置費用、ソファ、ベッドほかカーテンなど
- 新居でそろえる生活雑貨等

引っ越し費用

9

住宅を取得すると、各種税金がかかる

意外に知らない課税項目の内容を確認しておこう

不動産会社の営業マンが「賃貸の家賃と同じ程度の支払いで家が持てますよ」という言い方をするケースがありますが、賃貸と違って住宅を取得すると、いろいろな税金がかかります。

ひとくちに税金といっても、その内容はさまざまです。一度支払えば済むものや住宅を所有している限り毎年支払わなければならない税金もあります。また、印紙税として払う場合もあれば現金で払う税金などに分かれます。不動産の売買契約書、金銭消費貸借契約書をはじめ、マンション購入に際しては初めて交わす書類も多く、一度説明を受けただけではわかりにくいこともあります。ここでは、そうした各種税金がどういうものかを簡単に説明しておきましょう。売買する金額等によって税金額も決まっていて、たいていの場合は不動産会社が書類をそろえてくれるので、契約内容と金額を確認すれば問題ないようになっています。

なお、マンション購入で税金はかかりますが、住宅ローン控除など、軽減措置を受けられる優遇制度もあります。こちらに関しては１８２～１８５ページを参照してください。

住宅取得時にかかる各種税金

マイホームを取得するといろいろな税金が課せられます。マンションを取得したときに一度払えばいい印紙税や登録免許税などと、毎年支払う「固定資産税・都市計画税」があります。ちなみに消費税は建物の購入時にはかかりますが、土地取引には不要です。

印紙税

印紙税は、不動産の売買契約書、建物の建築請負契約書、借り入れのための金銭消費貸借契約書、領収書などの課税文書を作成した場合に課税される国税。文書（契約書等）に記載された金額によって、貼りつける収入印紙の金額も変わります。なお、文書に記載された金額に係る消費税および地方消費税が明記されているときは、その消費税および地方消費税を除いた金額で印紙税を計算することができます。

不動産取得税

土地や家屋を購入したり、家屋を建築するなどして不動産を取得したときに、登記の有無にかかわらず課税されます。ただし、相続により取得した場合には課税されません。また、不動産の価格とは、総務大臣が定めた固定資産評価基準により評価、決定された価格で、新・増築家屋等を除き、原則として固定資産課税台帳に登録されている価格をいいます。

消費税

不動産会社から建物を購入する場合、消費税がかかります。なお、中古物件で売り主が個人の場合は消費税がかかりません。

登録免許税

マンションを購入してその所有権の保存の登記をするときにかかる税金。また住宅ローンを借り入れるときの抵当権の設定時にもかかります。

固定資産税・都市計画税

1月1日時点の不動産所有者に課税される税金。その年の途中で不動産を取得した場合は所有期間の税金を日割りで売り主に払います。

10

非課税で、親から資金援助をしてもらう

最大限に非課税制度を活用してマンションを取得する

マンション購入にあたって自分で頭金や諸費用を用意するのがふつうですが、予定どおりに預貯金がたまらないこともあります。その場合、親からの資金援助でマンションを取得するのもいいでしょう。いまでは、親からの住宅資金援助を受ける例は少なくありません。しかし、大きな金額になるため、贈与税の問題が出てきます。それに対して「住宅取得等資金に係る贈与税の非課税措置」があり、これを利用すれば贈与税がかかりません。

一定の条件はありますが、次ページの表のように、一般住宅で700万円から2500万円、質の高い住宅で1200万円から3000万円の支援を受けても非課税になります。例えば、2016(平成28)年に夫婦名義のマンション購入のために、それぞれの実家から最大で2500万円ずつの住宅資金の援助を受ければ、合計5000万円の資金が非課税となります。また、「質の高い住宅」であれば、さらに非課税限度額が拡充され、各3000万円の計6000万円まで課税されません(2018(平成30年)年9月までに契約した場合)。

住宅取得等資金に係る贈与税の非課税措置について

住宅購入時、両親や祖父母などから購入資金の贈与を受けたとき、「住宅取得等資金の非課税制度」という贈与税の特例制度の適用対象となります。2015（平成27）年度に行われた税制改正では、「住宅取得等資金に係る贈与税の非課税措置」については、適用期限が2019（平成31）年6月30日まで延長され、非課税限度枠も下の表のとおり拡充されました。

契約年	質の高い住宅※		左記以外の住宅（一般の住宅）	
	消費税8%適用	消費税10%適用	消費税8%適用	消費税10%適用
平成27年	1,500万円	―	1,000万円	―
平成28年 1月 ～ 28年9月	1,200万円	―	700万円	―
平成28年 10月～ 29年9月	1,200万円	3,000万円	700万円	2,500万円
平成29年 10月～ 30年9月	1,000万円	1,500万円	500万円	1,000万円
平成30年 10月～ 31年6月	800万円	1,200万円	300万円	700万円

※質の高い住宅とは次のいずれかの性能を満たす住宅のこと。

・省エネルギー性の高い住宅
（断熱等性能等級4または一次エネルギー消費量等級4以上）。

中古の場合⇒断熱等性能等級4または同程度の一次エネルギー消費量等級4以上の住宅と同省エネ性能を有すると認められる住宅

・耐震性の高い住宅
（耐震等級（構造躯体の倒壊等防止）2以上または免震建築物）

・バリアフリー性の高い住宅
（高齢者等配慮対策等級3以上）

適用条件

●直系尊属（父母・祖父母）からの贈与である。

●受贈者がその年の1月1日において20歳以上である。

●登記簿記載の床面積は50㎡以上240㎡以下。

●贈与を受けた年の受贈者の所得金額が2,000万円以下。

●贈与の翌年の2月1日から3月15日までの間に贈与税の申告がなされている。

●贈与の翌年の3月15日までに住宅の引き渡しを受け、居住している。
または確実に居住が見込まれている。

中古の場合

●築25年以内の耐火建築物、または、現行の耐震基準に適合していること。

11 住宅ローン控除を最大限活用しよう

10年間にわたって控除を受けられるメリット

新築・中古に限らず住宅ローンを組んでマンションを購入すると、「住宅ローン控除（＝住宅借入金等特別控除）」が受けられます。これは一定の条件を満たせば、入居してから10年間、税金面で優遇されるというものです。

具体的には、住宅ローンを10年以上で組み、ローン契約者自身が住んでいれば、所得税からローン残高の１％が控除されます。２、３年前までは住宅ローン控除の最大控除額は10年間で３００万円程度でしたが、２０１４（平成26）年４月から東京オリンピックの前年にあたる２０１９（平成31）年までに住宅を購入すれば、10年間にわたって最大で５００万円（認定長期優良住宅、低炭素住宅の場合）の控除を受けられますので、メリットも大きいと考えられます。なお、中古マンションやリフォームの場合でも条件を満たせば控除対象となりますので、詳細は税務署に問い合わせてみましょう。なお、会社員の場合、初年度は確定申告が必要ですが、２年目以降は勤務先の年末調整で住宅ローン控除を受けることができます。

住宅ローン減税制度とは

住宅ローンを使って住宅を取得し一定の条件を満たすと、毎年末のローン残高の1％が所得税から10年間控除される制度のことです（所得税から控除しきれない場合は住民税からも控除されます）。控除限度額は、2014（平成26）年4月からの消費税率の引上げに伴い大幅に拡充されました。申請は、住宅ローンの借入者が個人で行います。

入居時期	控除対象借入限度額	控除率	控除期間	所得税からの控除額	住民税からの控除上限額
～平成26年3月 消費税5%	2,000万円	1.0%	10年間	200万円	9万7,500円 ／年
	(3,000万円)			(300万円)	
平成26年4月 ～平成31年6月 消費税8％または10%	4,000万円	1.0%	10年間	400万円	13万6,500円 ／年
	(5,000万円)			(500万円)	

※(　)の金額は長期優良住宅・低酸素住宅の場合
・「長期優良住宅」とは、国が定めた劣化対策や耐震性、バリアフリー性などの性能項目を満たした住宅。
・「低炭素住宅」とは、所管行政庁（都道府県または市や区）が定めた二酸化炭素の排出の抑制措置が講じられている住宅。

適用条件

・合計所得金額が3,000万円以下。
・ローンの返済期間が10年以上。
・登記簿記載の床面積は50㎡以上で、その1／2以上が自己の居住用。

中古の場合

・築25年以内の耐火建築物、または、現行の耐震基準に適合していること。
・贈与された家ではないこと。

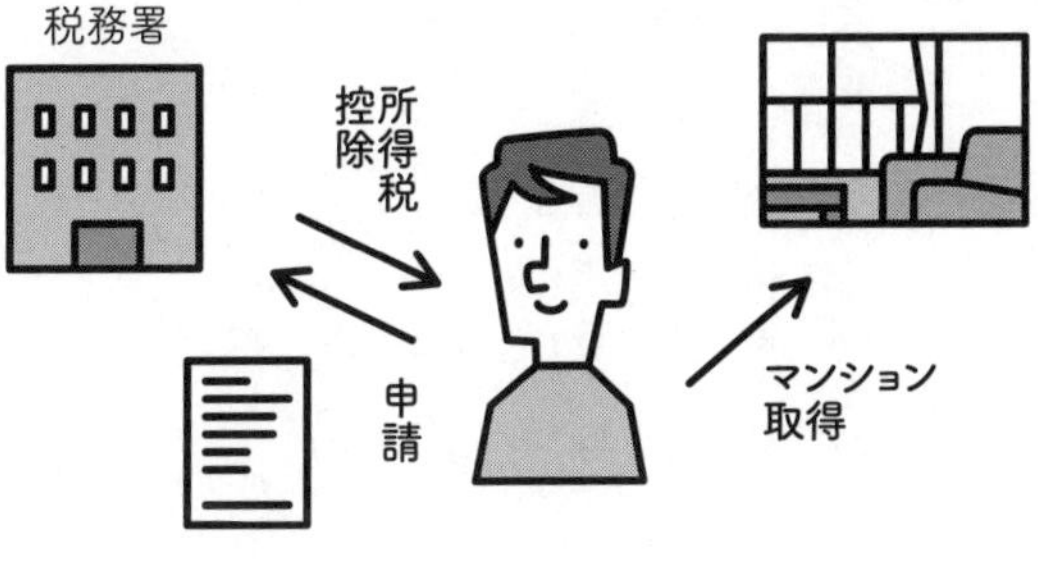

12

お得な住宅ローンの繰り上げ返済は？

早い時期に繰り上げ返済で、利息を軽減しよう

住宅ローンの負担を軽減するには、「繰り上げ返済」を考えましょう。例えば、35年間の住宅ローンを組んでいても、その途中で一部または全額を返済することもできます。繰り上げ返済をするのは面倒だと思う人もいるかもしれませんが、元金を減らせば、その元金にかかる利息まで減るため、金額的にもメリットは大きいといえます。

繰り上げ返済には、「返済期間短縮型」と「返済額軽減型」の2つがあります。期間短縮型というのは、毎月の返済額は変えずに、借入期間を短くする方法で、軽減型というのは借入期間をそのままにして毎月の返済額を低く抑える方法です。この2つを比べると、総支払額が減る、つまり、利息軽減効果が大きくお得になるのは、期間短縮型になります。なお、繰り上げ返済は返済金額の単位が決まっていたり、手数料が必要など、金融機関によっても違いますので、直接問い合わせましょう。軽減効果が高いのは、借り入れしてから早めの時期にあたります。なお、10年間受けられる住宅ローン控除の適用中に繰り上げることで、借入期間が短くなり、控除が打ち切られないかを確認してください。

繰り上げ返済の種類

❶ 返済期間短縮型

毎月の返済額は変えずに、借入期間を短くする方法。借入期間が短くなった期間分の利息が軽減されます。「返済額軽減型」よりも、利息の軽減効果は大きくなるのが特徴です。金融機関によって繰り上げ返済額や手数料が異なる場合があるので、事前に確認をしましょう。

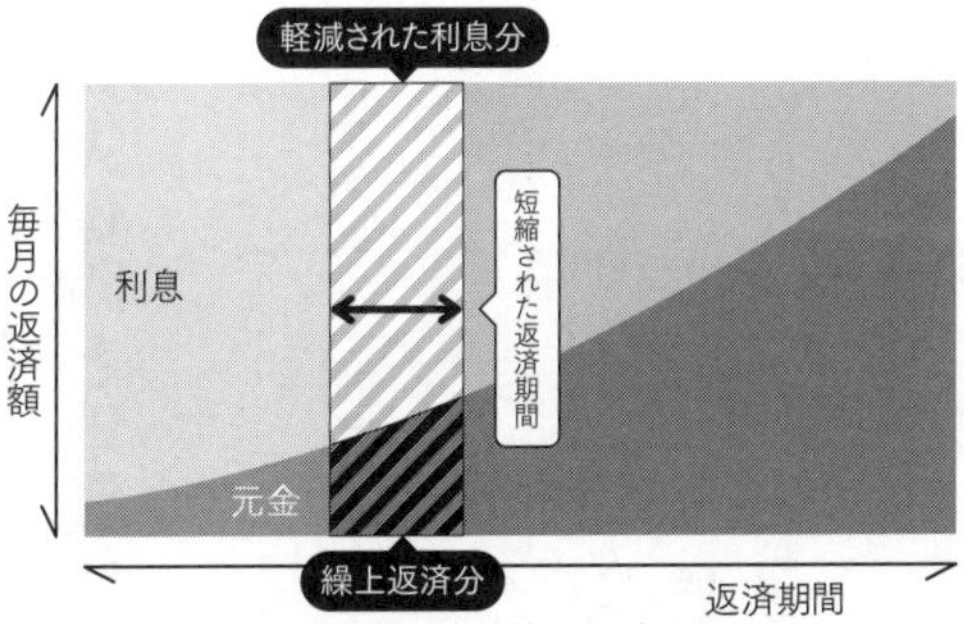

❷ 返済額軽減型

借入期間をそのままにして、毎月の返済額を低く抑える方法。毎月の返済額が下がるので、子供の教育資金などの支出が予想される場合などに備え、住宅ローンの負担を少しでも減らしたい人に向いています。

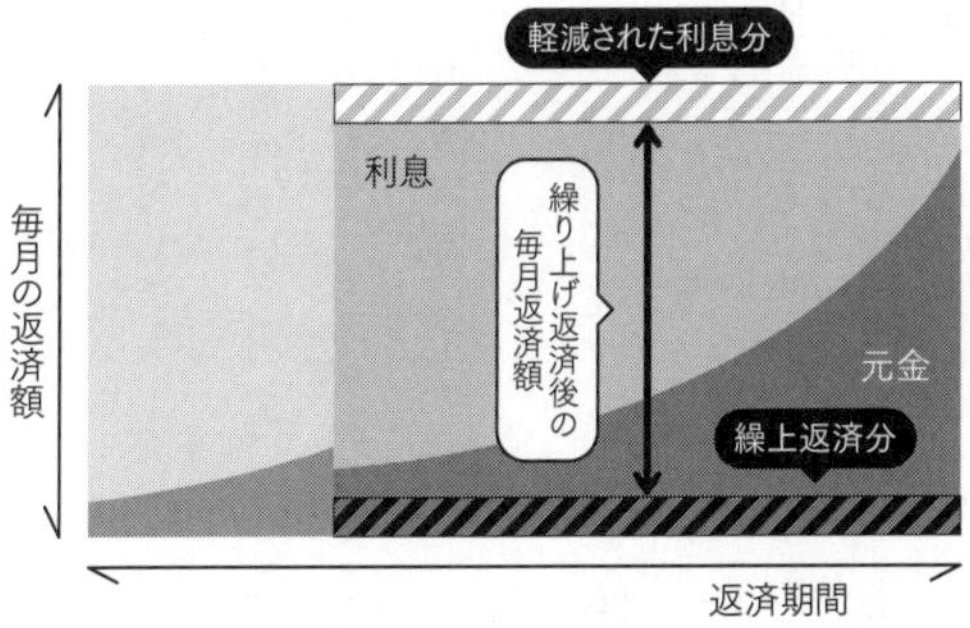

13

マンションの保険を確認しよう

万が一のために、火災保険と地震保険を検討する

マンションの購入に際して、住宅ローンを組んだ人は火災保険の加入が条件づけられています。たいていはローンを組んだ金融機関から提案される火災保険が割安になっているケースがありますが、ほかの火災保険を申し込んでもかまいません。また、ローンを組まずに現金で購入した場合は、任意になりますが、火災保険に加入しておきましょう。

火災保険と同時に地震保険の加入も検討したほうがいいと思いますが、火災保険と比べると保険料が割高で補償内容も十分とはいえないため、無理に加入しなくてもかまいません。

次に保険の補償額を決めます。2つの方法があり、「新価（再調達価格）」と「時価」のどちらかを選びます。詳細は次ページをごらんください。ここでは新価（再調達価格）を選びます。失った分と同じような建物や家財を再購入できる補償額になるからです。あとは、契約年数を長くすると補償はそのままで掛け金が割り引きされお得です。ぜひ長期契約を検討してみましょう。なお、長期契約の途中で住まいを売却した場合でも解約返戻金が支払われるのでムダになることもありません。

保険加入前にココをチェック

東日本大震災以降、日本各地で地震活動が活発化し、地震保険の注目が高くなりました。掛け金が高くなりますが、一度は検討してみる価値があります。厄除けと称して加入する方がいますが、本当に必要かどうかを考えたうえで選びましょう。

チェックポイント

□ **保険の対象を選ぶ**

⇒ 建物と家財の両方にかけておきます。

□ **物件の構造を確認する**

⇒ M構造（マンション構造）　※耐火建築物であること。

□ **火災保険の基本補償の範囲を決める**

⇒ 火災、震災、水災、日常災害、そのほかのリスクを考えておきます。

□ **地震保険への加入**

⇒ 補償額と掛け金のバランスなど、よく考えて決めましょう。

□ **家財**

⇒ 家財の補償額を決めましょう。

火災保険、新価と時価の違いは？

● 新価（再調達価格）

保険の対象である建物や家財を、新品で取得するときに現在必要な金額が再調達価格。保険対象が3,000万円の建物を焼失したとき、同等のものを取得するのに3,500万円かかるとすれば、補償額は3,500万円になります。

● 時価

新価から消耗分を控除して算出した価格で、3,000万円の建物が20年経過して焼失したとき、経年劣化分を800万円とすると補償額は3,000万円−800万円＝2,200万円となります。

14

マンションの購入契約について

契約書を交わす前に、よく理解して何度も確認しよう

マンションを購入しようと思い立って、いくつものモデルルームを見学し、頭金や親からの資金援助がオーケーとなり、住宅ローンの事前審査をパスして、ようやく購入契約へとすすみます。マンションは、食品や家電のように代金を支払えばすぐに購入できるものではありません。各種税金が課せられ、所有権の登記など複雑な手続きが必要になります。そのため、売買契約書を交わすのです。そしてその契約を結ぶ前には、重要事項説明を受けます。たいていは契約の当日に宅地建物取引士の資格を持った担当者が、契約に先立ってその内容を説明することになっています。この重要事項説明書に関しては、１９２ページでも解説しますので、そちらを参照してください。ここでは、売買契約書に関して確認しておくべきポイントを簡単にあげておきましょう。まずは、売買代金の支払い期日と引き渡し時期、契約解除の条件（ローン不成立の場合など）、このほかに買換特約などがあればその内容について再確認します。間違いがないかをしっかりチェックしましょう。

契約書はココをチェック

重要事項説明を受けたあとは、いよいよ売買契約書を交わします。確認しておきたいポイントは以下のとおりです。必ず事前にコピーをもらって、しっかり読みこんでおきましょう。印鑑を押す前に、売買代金、手付金などの金額に間違いがないか、必ず再確認を。

チェックポイント

□ 購入マンションの売買代金、手付金について

⇒ 金額と支払い期日に間違いがないかよく確認をします。

□ 引き渡し時期はいつか、また所有権の移転の登記はいつ完了するか?

⇒ 中古物件の場合は、抵当権などの抹消の登記に関しても忘れずに完了を確認しておきましょう。

□ 契約解除について

⇒ 契約締結後に、解除する場合のことを取り決めておきます。

□ 契約の解除と手付金の返還等について

⇒ 「一般財団法人不動産適正取引推進機構」では契約の解除と手付金の返還に関してQ&A方式で事例集を紹介していますので、参考にしてください。

http://www.retio.or.jp/

□ 契約違反による解除の内容についてどうなっているか?

⇒ 何かの事情により契約不履行になった場合の取り決めです。

- 売り主が契約違反した場合の違約金などについて
- 買い主が契約違反した場合の違約金などについて

※住宅ローンや提携ローンが不成立の場合は、違約金が発生しないという特約が明記されていることもチェックしましょう。

15

重要事項説明の何が重要か？

契約に関わる重要な内容がすべて記載されている

契約に先立って、必ず重要事項説明があります。これは不動産会社が買い主に対して、マンションの権利から管理、修繕積立金のことや共用設備、契約の解除に関することまで「重要事項説明書」にまとめ、その内容を説明することが法律で義務づけられているのです。ここでいくつかチェックポイントを紹介しましょう。

1つめは登記された権利の種類・内容が正しいかどうかです。不動産の名称や、所在地、敷地に関する権利、共有持ち分等を確かめ、土地の所有者が売り主と同じか、登記簿（登記記録）と一致しているのかを確認します。中古物件なら抵当権の抹消について明記してあることがポイントになります。2つめは、ライフライン設備関連の項目。マンションが完成前であれば、工事完了時における形状や構造についても確かめましょう。3つめは共用部分の維持管理に関することです。あわせて、専有部分の使用の制限に関すること（リフォームやペットに関する規定の有無）も必ずチェックしましょう。4つめは購入者に不利な項目が盛り込まれていないかどうかをチェックします。

重要事項説明書は
ココをチェック

重要事項説明書に記載されている内容は、契約に関わることが記載されています。特に、下記にあげた項目については念入りにチェックしておきましょう。

チェックポイント

□ 登記された権利の種類・内容

⇒ 所在地、共有持ち分、登記簿(登記記録)との照合。
中古物件であれば抵当権は抹消されているか、
違反建築物や既存不適格建物でないかを確認します。

□ ライフライン設備関連
(飲用水・ガス・電気の供給施設、給排水設備の整備)

⇒ ライフライン関連の設置状況、給排水管の設置の確認。
中古物件では、将来の設備交換予定の有無なども確認しましょう。

□ 共用部分の維持管理に関すること
(建物、敷地に関する権利の種類、管理に関わる内容)

⇒ 管理形態。
⇒ 専用庭や駐車場、駐輪場の使用に関する規定、料金の内容。
⇒ 管理費や修繕積立金の内訳、金額。
中古物件では管理費の滞納者の有無。
⇒ 中古物件では、石綿使用調査や耐震診断の内容と
建築確認の年月日の確認をします。
⇒ フローリング、ペット飼育に関する制限の有無。
専有部分に関することですが、共用部分にも関わってくることなので、
ぜひ確認を。

□ 購入者に不利な項目の有無

⇒ 手付金、固定資産税等の清算金額はいくらになるか。
⇒ 契約解除に関する項目。
(手付金解除、契約違反によるときの違約金の規定)
⇒ 瑕疵担保責任に関する項目。
(欠陥があった場合、売り主の責任について)

16

アフターサービスと瑕《か》疵《し》担保責任

売買後の住まいの不具合に対応

「アフターサービス」は、売り主側が任意で設定した、文字どおり、売買した後の手厚いサービスであって、無償で補修を行うものです。民法等で規定されている「瑕疵担保責任」（※）とは根本的に異なります。家電製品でいえば1年間の保証が、マンション販売におけるアフターサービスに近いものかもしれません。しかし、建築技術の発展、建築材の進化によって住宅の品質は高くなり、マンション販売におけるアフターサービス期間も長く手厚くなっています。

一般社団法人不動産協会が策定しているアフターサービス規準では、2002（平成14）年に「中高層住宅アフターサービス規準（1977（昭和52）年策定。1993（平成5）年改訂版）」の改訂を承認しました。これは2000（平成12）年4月に施行された「住宅の品質確保の促進等に関する法律（通称：品確法）」で、構造耐力上主要な部分と雨水の浸入を防止する部分の瑕疵担保期間が10年間としているために違和感のないようにそろえたかたちとなっています。いずれにしてもマンション購入者にとってはありがたい内容です。

※瑕疵担保責任：売買の目的物に隠れた瑕疵（欠陥）があった場合に売り主が負う責任のこと。

中高層住宅アフターサービス規準の改定に伴う変更箇所と追加項目

▶ 住宅品質確保促進法との関連で変更した箇所

1 構造耐力上主要な部分
（基礎・柱・梁・耐力壁・床・屋上・屋根）のコンクリート躯体の亀裂・破損（構造耐力上影響のあるものに限る）

⇒ 10年間（旧規準では2年間）

2 雨水の浸入を防止する部分（a. 屋上・屋根・ルーフバルコニー、b. 外壁、c. 屋上・屋根・外壁の開口部に設ける戸、わくその他の建具、d. 雨水排水管）からの雨漏り

⇒ 10年間（旧規準ではaのみ10年間、他は7年間）

▶ その他変更した箇所

1 ガス配管の破損

⇒ 5年間（旧規準では2年間）

2 各部位の塗装のはがれ、塗装吹付の欠損

⇒ 2年間（旧規準では1年間）

3 室内建具、建具金物、造付家具、室内床仕上げ

⇒ 2年間（旧規準では1年間）

4 設備機器
（照明器具、換気扇、バランス釜、湯沸器、暖冷房機器等）

⇒ 2年間。但し、機器本体は保証書の期間による
（旧規準では1年間）

▶ 追加項目

1 機械式駐車場の機能不良

⇒ 2年間

2 情報通信設備（ISDN、電話線、LAN等）の取付不良・機能不良

⇒ 2年間

一般社団法人 不動産協会ホームページより一部抜粋

column

地震保険に加入すべきか迷ったら?

東日本大震災で、大地震や津波の恐ろしさを体験したこともあり、地震保険に加入する人が増えています。火災保険と異なり、掛け金に対する補償面では手厚い内容とはいえませんが、それでも万が一の場合を考えれば加入が必要だと思う人も少なくないはずです。地震保険は住まいの所在地と構造によって決まります。免震や耐震構造であれば保険料の割引き対象にもなりますし、加入者は所得税から最高5万円の控除を受けられるようになっています。さらに住民税から最高で2万5,000円が控除されます。ある意味で、国が地震保険に加入するように支援しているともいえます。まずは、住まいの所在地から年間保険料がいくらになるのか調べてみましょう。保険会社によって保険料が異なることはないので、どこを選んでも保険料は同じです。なお、地震保険は火災保険とのセットであり、単独では加入できません。

第6章――

資産を守る管理組合

マンションは管理組合の活動が活発かどうかで、
資産価値が決まるといっても過言ではありません。
マンションを購入すると区分所有者となり、
必然的に管理組合のメンバーになります。
入居後は、管理組合の活動に、
日頃から関心を持つように心がけましょう。
ここでは快適な住環境をキープし、資産価値を高めるための、
マンション管理の方法について紹介します。

1

「管理組合」しだいで資産価値は上がる

マンション管理への関心の高さがポイント

マンションの購入とは、あれこれと条件を絞り、いくつものモデルルームを見学し、資金計算をして住宅ローンの申し込みのために書類をそろえ、やっと新居に引っ越すまでをいいます。

しかしマンションライフは、そこからがスタートです。マンション購入は、ある意味で商品選びですが、生活はその後も長く続きますし、いかに快適に過ごせるか、つまり住環境をキープする力が重要になります。そのために、区分所有者が組合員となる「管理組合」が結成されて、マンションの管理をしていくことになっているのですが、その重要性を認識している人は、新築分譲マンションではほぼ皆無ですし、中古物件を購入する人も似たようなものでしょう。

マンションは共同住宅とはいっても、性格も価値観も違う縁もゆかりもない人たちが、部屋は違っても1つの屋根のもとに暮らしています。各戸の専有部分のリフォームには熱心になれても、共用部分の壁や廊下、屋根、エレベーター、エントランスのオートロック、自動ドアなどに故障や破損が出たら、誰が責任をもって修繕するのかを考えることすらせず、思考停止している人がなんと多いことでしょうか。「そういうために管理会社があるんじゃないの」と思っている人は、大きな勘違いをしています。管理会社は大家でもなく、ただ管理をサポートする営利企業にすぎません。

マンションでは、住環境の快適性を維持する管理がいちばん大事なことになります。その大事な管理をよく考えもしないで、決められた管理会社に丸投げして管理費を払い続ける構図に、これまでなんの疑問も持たずに何年もそのままにしてしまうわけです。

一度払った管理費や修繕積立金がどれだけ、どこに使われているか無関心でいると、やがて屋根の防水機能が衰えたり、浮いた外壁タイルが崩落したり、鉄部のサビが放置されたみすぼらしいマンションになります。新築で何千万円もした住まいは、見る影もないほど劣化して中古で売るにも買い手がつかないものになります。そうならないように、第6章では資産価値を高め、住環境の快適性をキープするマンション管理の実践方法を紹介したいと思います。

2

管理組合は必要？

マンションは共同住宅であることを思い出そう

分譲マンションを購入すると、否応なく区分所有者は「管理組合」の組合員となります。任意による参加、不参加ではありません。マンション購入に際して、この管理組合のことを誤解している人がいまも後を絶ちませんし、「管理組合は必要なの？」と素朴な疑問を抱く人も少なくありません。1棟のマンションにはオーナーがたくさんいるために、建物（共用部分）に関わる判断は区分所有者全員の合議でしなければならないわけです。でも、やはり実際は面倒だから管理組合の活動に参加したくない、仕事が忙しいから管理組合の総会、理事会には参加できないという人もいるでしょう。そんなときには、代理人を立てたり、お金を払って他の区分所有者に任せるという方法もあります。

ここで大切なのは、管理組合の活動の中身なので、誤解をおそれずにいえば、誰が理事や役員をやってもいいのです。「管理規約」で理事や役員の資格制限があっても、規約を改正すればいいわけです。柔軟な発想で「適正で快適な住環境を維持する」を最優先に考えてみましょう。

管理組合の理事や役員の資格・選出方法を考えるヒント

マンション管理組合の理事や役員のなり手が少なく、人手不足が深刻になっています。そこで、いままでのルールを見直して、もっとフレキシブルに人材を探してみましょう。管理組合の資産を守る発想を優先できる人材であれば、任せることを検討してもいいでしょう。

**理事や役員のなり手が少ない問題を解決するために、
選出方法を根底から見直しましょう。**

▶ 輪番制をアレンジする

⇒ 2〜3年任期で、半数改選制にします（任期が重なることで、管理の課題や問題点を共有でき、毎期の予定業務等のやり方の引き継ぎもできます）。

▶ 理事は、区分所有者の家族等の代理を認める

⇒ 理事会の運営・出席をスムーズにします。家族等も管理の課題を知ることで、適正で快適な管理に対し関心を抱くようになります。

▶ 第三者の理事も認める

⇒ 管理規約で制限しているケースが多いのですが、反社会的勢力の関係者等、また修繕工事など営利目的でマンション管理費（修繕積立金）を引き出そうとする業者等などが就任すると、大前提である「適正で快適な住環境維持」ができないおそれが大きくなります。マンション管理士や管理会社などからの第三者を立てるときは、管理組合の利益に相反する判断をした場合は賠償責任を負うことを前提にするなど、歯止めを必ずもうけるようにします。

▶ 理事報酬を出し、免除を有料にする

⇒ 理事や役員の義務を果たせない事情がある場合、有料で理事や役員の義務をパスできるように認めます。また、理事や役員に就任した人には報酬を払うようにします。
例）理事を免除してほしいと申し出る人から免除料を徴収し、逆に理事に就任する人には報酬を払うことを考えます。どちらも月額5,000円を目安にします。

3

管理組合はやりがいがある？

理事会からイベント企画まで、仕事はやまほどある

管理組合は、区分所有者で構成される組織です。マンションの規模が大きければ大きいほど、理事や役員の数も増えます。理事会は、居住者の代表のような立場になるため、管理組合は小さな議会のようだともいえます。区分所有者は、管理組合員として管理組合の「適正で快適な住環境維持」を実現するための活動を運営・支援しなければなりません。理事や役員になれば、管理会社やさまざまな業者を相手に、交渉することもあります。一見、面倒なように思えますが、マンション管理に向き合うと、大企業をはじめいろいろな会社に対して、管理組合を代表して交渉事に臨め、課題を解決することで達成感も得られ、やりがいも生まれます。

取材先のマンションで理事の人たちに話を聞くと、それぞれに課題を抱え解決策を見つけようとしている姿勢に感心することも実際多くあります。とはいえ、マンション管理に関心を抱いても、まず何からやればいいのかと思うかもしれません。そこで、ここではやりがいのあるマンション管理に向き合うヒントを取り上げたいと思います。

マンション管理をよくするヒント

管理組合の仕事は、やる気になればいくらでもあります。居住者の名簿づくりから広報誌の作成、季節に合わせたイベントなど、マンション内の住環境をよくすることであれば、なんでも管理組合の仕事になります。面倒だと思わない気持ちでやってみましょう。

▶ 名簿づくりとメール連絡網を作成する

⇒ 最近は個人情報保護法で個人情報の扱いに過敏になりがちですが、マンション内での連絡網として名簿作成（電話、メール）は必要。管理会社は独自に作成していますが、管理組合で作成保管し、毎年更新をします。

▶ 広報誌を作成する

⇒ 居住者同士の情報共有とコミュニティづくりにも役立ちます。広報誌の作成を手伝ってくれる人を募ってみるのもいいでしょう。

▶ マンション内のイベントを企画する

⇒ マンションの居住者の交流をはかるきっかけづくりにもなるので、季節のイベントを開催してみましょう。

例）Xmasパーティー、夏のバーベキュー大会、お茶会（茶話会）、フリーマーケット、親父会など

エントランスホールや中庭、ミーティングルームなど、敷地内で、開催しているマンションも少なくありません。特に高齢者で1人暮らしの居住者の参加を促すことで、交流のきっかけづくりと安否確認もはかれ、顔の見えるマンションコミュニティづくりに役立ちます。

▶ サークルや同好会をつくる ※87ページも参照

⇒ 同じ趣味、関心事をきっかけに交流できます。

例）カラオケサークル、ヨガ教室

あるマンションでは、共用部分の集会所を活用して、カラオケサークルやヨガ教室を開いています。いままで交流のなかったマンションの住人たちが、同じ趣味を通じて親しくなり、あいさつを交わすようになったりと、交流の輪を広げることに役立っています。

4

事業主と同じ経営センスが問われる

大規模マンションなら、年額予算は数億円もある！

マンション管理組合の運営は、議会活動に似ている面があり、企業経営にも通じています。いろいろな課題に対しては合議制ですすめ、さまざまな業務を外部発注するときには、区分所有者から集めた管理費・修繕積立金をどう使うかを考える必要があります。マンションの規模にもよりますが、管理組合には相当な金額の管理費・修繕積立金が毎月集まります。１０００戸規模のマンションなら、何億円もの金額が動きます。その金額の中から管理会社が報酬を受け取り、清掃業者や保守業者へ支払い代行をしているわけです。

管理組合が１つの企業だとイメージしてみてください。企業なら業務発注前に複数の見積りを取り、比較検討して仕事をすすめますが、管理組合は企業組織ではないために、管理会社から提示された見積りのままに了承しています。こうしたことはビジネスの世界ではありえません。中小企業以上に潤沢な資金を持つ管理組合が、大規模修繕を迎える頃に資金難に陥っているのは、残念ながら経営感覚がないからといえます。

ビジネスターゲットにされるマンション管理組合

マンション管理組合に経営センスが必要だというのは、本来は積み立てられているはずの大規模修繕工事の費用が足りないマンションが多いという理由からです。

積立金が積み立てられていないマンションのために、住宅金融支援機構の「マンション共用部分リフォーム融資」をはじめ、銀行や信用金庫による「マンション管理組合専用リフォームローン」やクレジットカード会社やファイナンス会社による「マンションリニューアルローン」などが登場しています。

マンション管理に無関心でいると、個人で住宅ローンを抱え、さらに管理組合でローンを抱える構図が待っているのです。管理組合でローンを組んだ場合、翌月からローン返済分も上乗せされて管理費が高くなります。

『管理組合向けローン』の例

対象	マンション管理組合（法人格なしでも可）
貸付の対象	●外壁改修・塗装　●共用エントランス（玄関）改修 ●マンションのIT化（光回線設置など） ●オートロック設備設置・改修　●屋上防水 ●駐車場・駐輪場増設・改修 ●高架水槽受水槽改修　●給排水設備改修 ●集会室などの増設・改修 ●エレベーター取替え・改修 ●セキュリティ（防犯カメラ設置など） ●耐震・免震工事　●共用部分のバリアフリー化 ●省エネルギー促進化（太陽光発電など） ●ごみ置き場設置・改修　●屋上緑化 ●環境負荷低減化　●その他共用部分工事
ご利用金額	50万円～1億円（1万円単位）
金利（実質年率）	3.0%～6.0%
返済回数（返済期間）	12回～120回（1年～10年）
返済方式・返済方法	元利均等分割返済方式 管理組合の口座から自動引落し
遅延損害金	年率15.00%
連帯保証人	不要
担保	不要

5

管理委託契約書をチェックしよう

管理組合にとって不利な項目がないかを確認する

２０００年に制定された「マンションの管理の適正化の推進に関する法律（通称：マンションの適正化法）」によって、それまでトラブルの多かったマンション管理に関して法規制がかけられました。そして２００３年に国土交通省は、管理委託契約に関して管理組合にとって不利になる内容が多い契約内容を是正するために、ひな形となる「標準管理委託契約書」を公表しています。その後、２００９年にマンション管理適正化法施行規則の改正に伴って、標準管理委託契約書は、さらに改訂・公表されました。新築分譲マンションを購入した人は、そのマンションの管理委託契約書を国土交通省のものと比較して不利な内容になっていないかを確認しましょう。すでにマンション住まいの人も、現在の管理会社との管理委託契約が不平等な内容になっていないか、最新の国土交通省のものと照らし合わせるべきです。特に大事な「管理事務の内容及び実施方法」の「事務管理業務」、「管理事務に要する費用の負担及び支払方法」「契約の解除」「解約の申し入れ」の項目について、まずは見てみましょう。

管理委託契約書はココを確認

管理委託契約書は、管理組合が管理会社と結ぶ契約書類です。国土交通省が「標準管理委託契約書」を公表していますから、まずはその内容にそっているかをチェックします。ポイントは下記に示した2つの項目です。必ず自分で、比較し確認しましょう。

❶ 管理費および修繕積立金の徴収と収納口座の名義はだれか？

⇒ 通常、各区分所有者から徴収された管理費と修繕積立金は、管理組合名義の口座に収納されます。しかし、収納口座の名義が管理会社や管理組合代行の管理会社になっている場合は要注意。万が一、管理会社が倒産した場合、マンションの修繕積立金まで差し押さえられる危険性があります。

❷ 解約に関する内容に制限や不平等がないか？

⇒ 契約の自動更新規定が盛り込まれていないことを確認します。もしあれば削除を。契約解除に関しては3カ月前までに書面で申し入れをすれば可能になっているかもチェックすべき点です。古いマンションでは、管理委託契約書がないままだったり、なかには管理組合からの解約ができない内容になったままの場合もあるかもしれません。まずは最低限でも「標準管理委託契約書」に準じることです。

6

管理形態・条件を管理組合で話し合おう

自分たちの住環境に合わせた管理形態を見直す

新築マンションであれば、定時総会で課題とすべきなのは、管理形態についてです。分譲計画の段階で委託する管理会社は決められていますし、管理仕様も用意されています。これらは区分所有者に引き渡すにあたっての原始管理仕様ともいうべきものです。

例えば、管理人が朝8時から夕方5時までの勤務という内容を3交代制で24時間有人の管理に変更することもできるのです。そのマンションに暮らす人たちが求める住環境の問題を定時総会で話し合うことが必要です。現在の管理仕様に足りないものを加え、不要なものをそぎ落とすことをしないと、快適性は維持できません。月1回の定期清掃が適正かどうかを、コストバランスを考えて、月2回にしたり、毎月実施しているものを隔月にすることもできるのです。排水管清掃などは、新築当初は2年に1回程度でもよいのですが、築年数が経てば毎年実施するという具合に、状況を考えながら変更することも大切です。しゃくし定規に決めすぎないことです。そして、管理会社へ委託している業務を見直すことも必要です。

管理仕様は自分たちで作り直そう

住みやすいマンションライフは、誰かが与えてくれるものではなく、自分たちで作っていくものです。そのために、管理会社に委託する内容、管理仕様、管理規約を見直してみましょう。自分たちの暮らしやすい住環境に必要な管理仕様や管理規約にするために、まず次のことに着目してみましょう。

チェックポイント

□ 管理会社

⇒ 委託内容（全部／部分）、他社変更も含め再検討をします。

□ 管理清掃人

⇒ 勤務日数、時間の再検討をします。

□ 定期業務

⇒ 定期清掃／排水管清掃／植栽など。
（業務間隔、業務依頼先の再検討をします）

□ 保守点検業務

⇒ エレベーター、機械式駐車場、給水ポンプなど。
（保守会社の再検討をします）

□ 消防点検

⇒ 業務依頼先の再検討をします。

□ マンション管理士、コンサルタント

⇒ 導入を検討します。

7

設備の保守点検を見直す

メンテナンス費用のコストパフォーマンスは?

マンションには、エレベーターをはじめオートロックや自動ドア、機械式駐車場、宅配ボックスなど、さまざまな共用設備があります。こうした共用設備を安全、快適に運用するために保守点検が必要になります。そして当然、保守点検には定期的なコストがかかります。ところが、その保守点検料の相場を知らないことや市場に競争原理が働かないために、ほとんどの管理組合では高額の保守点検料を支払う結果となっています。そもそも、当初の保守点検業者を決めたのは管理組合ではなかったはずです。そこで、管理組合では、他の保守点検業者と比較して見直す必要があります。また、そのとき契約を管理組合と直接結んでいるかも確認しましょう。マンションの設備なのですから、保守点検は管理組合で契約すべきです。

何かあったときにクレームを入れやすいという理由で、管理会社に丸投げしようとする人がいますが、そういう無責任な人がマンションの資産価値を下げますので、保守点検業者と契約内容を必ず見直すようにしましょう。

エレベーターの保守点検サービスを見直そう

設備の中で最も普及しているエレベーター。便利な乗り物ですが、メンテナンス費用も高く、この保守点検を見直すことで管理費削減も大幅にできます。なお、管理会社には、交渉事があったときのサポートとして間に入ってもらうことで十分です。

チェックポイント

□ FM契約か？　POG契約か？

⇒ エレベーターには、2つの保守点検サービスがあります。1つが「フルメンテナンス契約（FM契約）」で、部品交換、修理、調整を含むメンテナンス。すべて込みなので、割高になります。もう1つが「POG契約（パーツ・オイル・グリース契約）」。これは点検費用のみで、修理等の部品代などは別途かかる基本メンテナンス。非常に割安です。

□ メーカー系保守会社か？　独立系保守会社か？

⇒ 自動車の整備と同様、エレベーターもメーカー系と独立系の保守会社があります。もともと独立系はメーカー系の下請けとしていたところが多くあります。安全性という意味では、国家資格の昇降機検査資格者が点検していれば問題はありません。とはいえ、メーカー系保守会社は、他メーカーの保守を受けることはありません。

□ 遠隔監視システムか？

⇒ 各メーカーは、独自の操作基盤をブラックボックスにすることで、独立系保守会社にメンテナンスをしにくいようにして、メーカー系の優位性を持たせていました。しかし、遠隔監視システムにより、24時間管理まで含むサービスをすすめ、検査員の派遣を隔月や3カ月に1度にしています。これは実質上値上げとなります。

8

管理組合の適正な予算・会計のために①

自分たちで必要十分な管理予算に組み換える

マンションの定時総会では、管理組合の決算、予算について多くの時間が割かれます。管理費、修繕積立金の収入、支払い内容が果たして適正なのかを確認するのです。ところが、管理組合の人間が経理に明るいとは限りません。社会人なら誰でも、損益計算書（ＰＬ）・貸借対照表（ＢＳ）を見て判断できるというわけではないのです。にもかかわらず、決算書類が作成されて、わけもわからずに承認されています。いちばん大きな問題は、当初の予算案からしてすべてが用意されたもので、その予算の正当な根拠がありません。うがった見方をすれば、管理会社が毎月売り上げたい金額が先にあって予算案とされているようにも見えますし、そうやって割り振られた金額が毎月の管理費として区分所有者に請求されているようにも考えられます。

そこでまず、適正な予算を考えることからはじめましょう。考え方は、実にシンプルです。必要な毎月の管理関連の項目をひとつずつ精査しながら積み上げていくだけです。その総額を全戸で割れば適正な管理費となります。

管理組合の予算案を精査する

管理会社が作成する予算・決算書によって表現は異なりますが、おおよその内容は同じです。マンション管理支援協議会（マンションNPO）の資料をベースにしながら費用と内容を解説しましょう。

チェックポイント

□ 事務管理業務

⇒ 100戸程度=7～12万円／月、20～30戸＝4～6万円／月
管理会社による「管理組合運営の補助」と「会計業務」を指します。

区分して計上している場合もあります。

会計業務のみを会計事務所や税理士に任せるのも一案です。

□ 管理員業務

⇒ 1,300～1,600円／時、（週6日・7時間で約24～30万円）
いわゆる管理員の人件費にあたる。

巡回、通勤、住み込みほか、業務範囲によって金額は増減します。

□ 日常清掃

⇒ 約1,300～1,600円／時（交通費、福利厚生も含む）
拭き掃除、掃き掃除が中心。

管理員が清掃員として兼務している場合もあります。

□ 定期清掃

⇒ 40戸=約4～6万円／回、80戸=約6～8万円／回
（形状、床材質、清掃範囲、ワックスがけの有無などで増減）

ワッシャー等の機械による床洗浄で、床以外の廊下の壁、外構、照明器具などふだんしない清掃業務まで行うこともあります。

※『マンション NPO 通信』No.68 より一部引用

管理費のムダづかいに気づいたら誰に相談する?

マンション管理の問題に気づきはじめると、例えば管理費の使い道についても知りたくなります。管理組合で集めた管理費は税金のようなもので、みんなのお金です。ところが、その使い道に関しては無関心であるために、マンションでもムダづかいされていることが多いのです。ではそういうとき、誰に相談して改善すればいいのでしょうか?

理事会に訴えて共感してもらえなければ、改革はできません。管理組合のすすめ方は合議制で、多数決となりますから、1人の意見を押しとおすのは難しいのです。まずは共感してもらえる理解者を見つけましょう。子供を通じたお母さん同士のネットワークから管理問題を解決した人もいました。ひとりで抱えずに、まずは仲間づくりからはじめるのが解決への近道です。

9

管理組合の適正な予算・会計のために②

支出金額を1つひとつ見直してムダをチェック

前のページで見たように、管理に必要な項目をチェックします。まず管理員の勤務日数や時間を再考してみましょう。ゴミ収集日に合わせた勤務にすることもできるでしょうし、交代制で日勤は管理員で夜は警備員という組み合わせも自由です。あとは費用との問題です。清掃に関しても同様で、実施回数によりますが、天候や汚れ具合によって臨機応変に回数を増減できるほうが快適な住環境を維持できます。

また、エレベーターの保守は、独立系でも安全性は変わりません。自動車の整備同様、整備士にあたる国家資格の「昇降機検査資格者」がきちんと点検・調整することが重要なのです。むしろ遠隔監視の導入で、2カ月や3カ月に1回しか現場を点検しないことのほうが心配です。

総会や理事会に、メーカー系、独立系を招いてヒアリングしてみることも参考になります。もともと管理組合が設備の製造メーカーを選定しているわけではないので、保守点検に関しては選ぶ自由度があってもいいでしょう。比較することでメーカー系が費用を減額してくれる場合もあります。

管理予算の主な項目と費用の目安
エレベーター保守点検・設備点検・24時間機械警備

マンションを購入したときから管理仕様が用意されているために、管理組合の予算組みや各業務の委託先も任せっぱなしです。自分たちのマンションですから、各業務の委託先も見直すことで節約につながり、本当に必要な予算に組み換えることができます。

エレベーター保守点検

(いずれも1台あたり)

● **フルメンテナンス契約(=FM契約)**

⇒ メーカー系55,000円～65,000円／月

⇒ 独立系30,000円～40,000円／月

● **POG契約**

⇒ メーカー系35,000円～45,000円／月

⇒ 独立系20,000円～25,000円／月

・FM契約は、点検、消耗品、劣化部品の修理取替えも含む内容です。
(昇降かご、扉などは含みません)。

・POG契約は部品修理、取替えは別途精算する内容です。

設備点検

⇒ 約15,000円／回

建物や電気、受水槽、排水設備などの外観点検、作動状況点検など、点検範囲や点検回数によって違います。数カ月に1回実施することが多いといわれています。

24時間機械警備

⇒ 約18,000円～30,000円／月

各戸の火災報知器、ガス漏れ報知ほか、受水槽の水量異常、エレベーター閉じ込めなどをしらせるシステム。異常があれば、管理員室にある警報盤から自動的に緊急センターや警備会社に信号が送られて、警備員が30分以内に駆けつけます。共用部分の監視カメラシステムの保守もあり、機械警備の範囲などで費用は増減します。

※『マンション NPO 通信』No.68 より一部引用

10

管理組合の適正な予算・会計のために③

安全性と快適性と経済性のバランスをキープする

機械警備システムに関しても、手厚い内容になればなるほど費用は高くなります。このシステムは、専有部分の火災報知器やガス漏れなどの警報器が作動すると、自動的に管理員室を経由して、管理会社の緊急センターに通報。同時に契約している警備会社から警備員が30分以内に警報信号を確認した住戸を直接訪ねるものです。多くのマンションではスタンダードなセキュリティーサービスとして導入されていますが、管理会社や提携の警備会社によって月額の料金、サービス内容も異なります。

排水管清掃においては、費用の比較だけではなく、その効果も考えた実施が重要になります。全戸実施しなくては、排水管清掃の効果は１００％発揮されません。法定点検の消防点検も同じです。そして、厄介な機械式駐車場の保守点検。これもエレベーター同様にメーカー系と独立系のメンテナンス会社から見積りを取り寄せ比較します。こうした項目を1つずつ積み重ねて総額の概算を出します。総戸数で割ると必要十分な月額の管理費がわかります。

管理予算の主な項目と費用の目安
排水管清掃・法定点検・機械式駐車場

管理組合の予算は、居住者のための利益を最優先に考えられたものでしょうか？　多くのマンションでは管理会社に任せたままです。企業会計と同じでムダを省き、適正な管理予算に組み直すことで、安全で快適なバランスのとれた住環境をキープできるのです。

排水管清掃

⇒ 1回、約4,500〜6,000円／戸

専有部分と共用部分の排水管と排水枡の清掃。高圧洗浄機等により、キッチン、洗面所、お風呂場、洗濯排水溝などで実施。全戸を清掃することで効果は最大限になるが、未清掃戸がふえると清掃効果が下がるので、清掃実施率を100％に近づけることがポイント。当初は2年に1回でもいいのですが、築10年を経たら毎年実施がいいでしょう。

法定点検

⇒ 1回、約7〜10万円（100戸程度までの場合）

消防設備点検（年2回）：受水槽の検査（年1回）、建築設備の定期検査（年1回）、特殊建築物等の定期検査（3年に1回）

※マンションの設備により、点検項目や費用は異なります。

機械式駐車場

⇒ メーカー系1パレット、月額約3,500円〜4,500円／回

⇒ 独立系1パレット、月額約2,500円〜3,500円／回

設置台数、昇降方法（昇降横行式、昇降式）、保守点検がメーカー系か独立系かによって保守費用は増減します。

※『マンション NPO 通信』No.68 より一部引用

11

管理費はここまで節約できる

節約できた管理費は、修繕積立金に回そう

管理組合の適正な予算について説明しましたので、ここでは管理費を節約する方法を解説しましょう。まず、築12年のあるマンションを例にしましょう。11階建て48戸、エレベーター1基で機械式駐車場12台のマンションです。当初の管理委託費に疑問をもった管理組合が他社からも見積りを取り寄せたところ、現行の管理会社よりも割安な金額が提示されたといいます。実は、こうした事例をあげるときりがないほどです。

そこでマンション管理支援協議会（以下、マンションNPO）の川上美知代事務局長に、管理費の節約のポイントを聞きました。

「管理費に疑問を抱くことが、マンション管理を見直すきっかけになりますし、大規模修繕工事の積立金不足の解決にもつながります」と川上さんは言います。管理費の削減分を、修繕積立金へと回すことによって修繕積立金不足が多少でも解消されるとすれば、管理費の節約は意義のあることにもなります。築年数が浅い段階での見直しなら、成果も大きくなります。

管理費を見直すためのヒント

どのように管理費を見直せばいいか、実例を取り上げて紹介します。2年目に管理費を見直したこのマンションでは、居住者の要望をまとめ、まず管理員の勤務形態の変更をしました。また共用設備の遠隔監視とホームセキュリティー業務に関して管理会社を通さず、警備会社と直接契約することで大幅な管理費削減に成功。修繕積立金に繰り入れるようにした結果、11期までに繰り越した金額は1,600万円。大きな節約を果たし、大規模修繕工事も実施しています。

管理費の見直し例

築12年、11階建て
エレベーター1基、機械式駐車場12台

	A社（現行）	B社	C社	D社	A社（改定後）
管理委託費（月額）消費税別	**448,200**	**386,100**	**367,400**	**396,000**	**281,000**
事務管理業務	67,200	46,800	50,000	39,200	50,000
管理員業務（週4日、9:00-17:00）*1	170,000	206,400	145,000	190,000	100,000（*6）
定期清掃費（年6回）*2	41,500	45,000	25,000	33,000	35,000
設備巡回点検（年6回）	20,000	0	13,000	15,000	20,000
消防設備点検（年2回）	46,000	35,200	37,800	34,500	42,000
共用設備監視（24時間機械警備）*3	44,600	29,400	28,000	25,000	24,000（*7）
ホームセキュリティー機器点検 *4	9,800	0	9,800	9,900	0
住戸内セキュリティー業務 *5	28,800	0	28,800	29,400	0
コンサルタント&一般管理費	20,300	23,300	30,000	20,000	10,000

＊1：日常清掃も含む　＊2：共用部分の床、ガラス等　＊3：遠隔監視　＊4：作動点検など
＊5：ガス、火災、非常通報、カギの預かり　＊6：週6日、9:00-12:00　＊7：警備会社と直接契約

※『マンションNPO通信』No.60より一部引用

12

適正かつ必要な修繕積立金は？

将来の修繕工事に備えて、潤沢に積み立てよう

先ほどのマンションの事例でも見たように、管理会社を変更しなくても管理費の節約はできるのです。分譲当初からすべてを管理会社任せにしていると、毎月集められた管理費は右から左へ消費されてしまい、もともと低く設定された修繕積立金だけでは、将来の大規模修繕工事費用が不足することがわかっています。そのために、一時徴収金として、修繕工事の時期に各戸から数十万円から百万円前後におよぶお金を集めるマンションが多いのです。当初から修繕積立金だけでは不足することがわかっているのであれば、適正な管理予算に組み換えればいいのですが、分譲時に管理費と修繕積立金を合わせて高い金額を設定していると販売に差し障るという理由から、低額の修繕積立金にしているのです。

マンションの将来まで考えた良心的な設計、販売を心がけるデベロッパーであれば、修繕積立金を中高生のおこづかい程度の金額にしていることはありません。月額の修繕積立金が月額の管理費と同じか、それ以上でなければ、マンションの財政はいずれ厳しくなると考えておきましょう。

適正な修繕積立金がいくらになるのかは、マンションの規模や工事内容によって大きく変わってきます。そのため、戸あたりいくらの修繕積立金があればいいのかわかりません。そこで国土交通省が「マンションの修繕積立金に関するガイドライン」を作成し、webでも発表しています（118～119ページ参照）。これは、建物の階数、建築延べ床面積によって平均値と見込み幅の金額を示しており、条件に合わせて計算すれば、各マンションがいくら積み立てるとよいかの目安になるというものです。

例えば、20階以上の高層マンションの場合、月額で㎡単価が平均206円となっています。80㎡のマンションなら、206×80＝月額1万6480円の修繕積立金が設定されるべき目安となります。ただし、これはあくまでも目安にすぎません。実際の工事範囲や工事内容によって、工事費用は大きく変わります。修繕が必要なときに修繕ができる、そのために節約しながら修繕積立金を増やす努力が必要なのです。

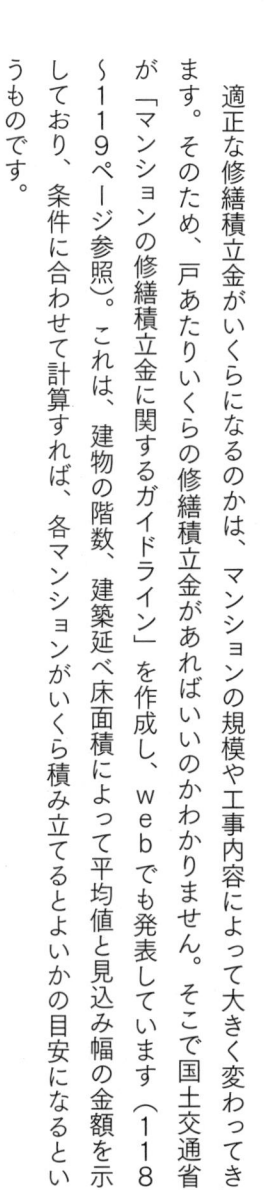

13

修繕積立金の負担増を招く機械式駐車場

老朽化する設備をどうするかを考えよう

管理費の節約は、適正な予算を組むことで自然とできるようになります。実際、取材先のあるマンションでは年間で１０００万円以上の節約、20戸程度の小規模なマンションでも２００万円の節約で修繕積立金に繰り入れていました。では、その修繕積立金は、月額いくらが適正なのでしょうか？国土交通省の「マンションの修繕積立金に関するガイドライン」によれば、10階建て80㎡のマンションで平均値が１万６１００円／月（１万１２００円／月～２万１２００円／月）となっています。しかし機械式駐車場があった場合には、さらに加算金額を考慮しなければならず、月額２万円を超える修繕積立金を設定する必要があります。機械式駐車場は土地に余裕のない都心では便利でありがたい存在ですが、月々のメンテナンス費用もバカになりませんし、故障・修理費用も高額になります。実際、撤去する管理組合も増えています。

まず管理組合は、適正な修繕積立金の目安に近づける努力が必要です。いきなりの修繕積立金の値上げより、管理費の節約とともに段階的に引き上げる計画を立てましょう。

機械式駐車場がある場合の加算額

マンションの付帯設備によっても積立金の金額が変わるといいます。特に機械式駐車場はメンテナンス費用がかかり、将来的には取替えか廃棄するかを迫られるほど、管理組合の財政を圧迫します。いまから機械式駐車場をどうするか検討することも必要です。

● 機械式駐車場がある場合の加算額（B）

B ＝ ［機械式駐車場の1台あたりの修繕工事費（下表）］ × ［台数］ × ［購入を予定する住戸の負担割合］

※住戸の負担割合は、専有部分の床面積の割合としている場合が多い。

機械式駐車場の1台あたりの修繕工事費

機械式駐車場の機種	機械式駐車場の修繕工事費の目安（1台あたり月額）
2段（ピット1段）昇降式	7,085円／台・月
3段（ピット2段）昇降式	6,040円／台・月
3段（ピット1段）昇降横行式	8,540円／台・月
4段（ピット2段）昇降横行式	14,165円／台・月

修繕積立金の額の目安を用いた算定例

修繕積立金の額（AX）

例えば、10階建て、建築延べ床面積が8,000㎡のマンションの、専有面積80㎡の住宅を購入する場合は、

目安の平均値　80㎡ × 202円／㎡・月 ＝ 16,160円／月
目安の幅　80㎡ × 140円／㎡・月 ＝ 11,200円／月 から
80㎡ × 265円／㎡・月 ＝ 21,200円／月 まで　となります。

機械式駐車場がある場合の加算額（B）

例えば、購入しようとするマンションに、2段（ピット1段）昇降式の機械式駐車場が50台分あり、購入を予定する住戸の専有床面積が80㎡、マンション全体の専有床面積の合計が6,000㎡（住戸の負担割合が80／6000）の場合は、

7,085円（月額修繕工事費の目安）× 50台 × 80／6000 ＝ 4,723円
となります。

※国土交通省「マンションの修繕積立金に関するガイドライン」より引用

14

管理会社の役割と課題

サポートしてくれる頼りになる存在

マンションの区分所有者は、管理組合員として管理組合を結成して快適な住環境を維持していく必要があるわけですが、その管理組合のサポートをするのが管理会社と位置づけられています。管理会社のおもな業務は、毎月の経理業務、管理・清掃員の派遣業務です。このほか、建物の機械警備や設備の保守メンテナンス業者との交渉、定期点検等業者の手配などさまざま。さらに保険代理業や改修工事から物品販売など事業範囲を広げています。

マンション管理適正化法ができる前は、管理組合が無関心であることをいいことに、管理会社が好き勝手に修繕積立金を使っていたり、委託契約書すら交わさないままの管理が横行していました。その後、国土交通省が標準管理委託契約書や管理規約等のひな形を作成して、多くのマンションで採用され管理状況は改善されつつあります。管理会社をリプレイスすることも当たり前の時代ですから、管理会社はサービス開発よりもあらゆる意味で質の高い人材を育てることが急務でしょう。人材力のない管理会社はいずれリプレイスされる運命です。

マンション管理会社 住宅戸数ランキング（2015年）

このランキングは、管理受託戸数別のもので、人気や実力のランキングではありません。マンション供給の多いデベロッパーの系列であれば、自動的に受託数が増え、上位にランキングされます。

1 **大京アステージ** ⇒424,717 戸

2 **日本ハウズイング** ⇒410,948 戸

3 **東急コミュニティー** ⇒318,263 戸

4 **長谷工コミュニティ** ⇒253,620 戸

5 **大和ライフネクスト** ⇒240,250 戸

6 **三井不動産レジデンシャルサービス** ⇒191,171戸

7 **三菱地所コミュニティ** ⇒182,897 戸

8 **合人社計画研究所** ⇒182,326 戸

9 **住友不動産建物サービス** ⇒173,396戸

10 **日本総合住生活** ⇒155,721 戸

11 **コミュニティワン** ⇒141,324 戸

12 **野村不動産パートナーズ** ⇒138,748戸

13 三菱地所丸紅住宅サービス ⇒108,519戸

14 穴吹コミュニティ ⇒101,414 戸

15 グローバルコミュニティ ⇒80,239 戸

16 伊藤忠アーバンコミュニティ ⇒78,077戸

17 あなぶきハウジングサービス ⇒64,598 戸

18 近鉄住宅管理 ⇒61,170戸

19 大成有楽不動産 ⇒60,309戸

20 ナイスコミュニティー ⇒59,392戸

※『マンション管理新聞』2015年5月25日号より一部引用

15

マンション管理士、コンサルタントの活用

マンション管理のセカンドオピニオンをもらえる

マンション管理に関して問題を抱えているとき、管理会社以外で相談できるのがマンション管理士やコンサルタントです。マンション管理士は、宅地建物取引士（旧：宅地建物取引主任者）、管理業務主任者と並び、国家資格です。

当初、分譲マンションストックの質の維持向上等および専門家の能力向上のために、公益財団法人マンション管理センターが事業主体となり地方公共団体と連携し、マンション管理士を管理組合に派遣するなど、マンション管理に対するアドバイス等を行うことで、地域における適正管理の基盤形成を促進するための措置を講じました。

マンション管理士とは、専門的知識をもって、管理組合の運営、建物構造上の技術的問題等マンションの管理に関して、管理組合の管理者等またはマンションの区分所有者などの相談に応じ、助言、指導その他の援助を行うことを業務とします。

マンション管理組合を取り巻くサポート陣

マンションを買ったら、「快適な住環境を維持する使命がある」といわれて戸惑うのが区分所有者です。管理会社がサポートしてくれますが、当然ながら自社利益優先の有料サービスしかしません。管理組合の利益を損ねるような提案も多く、管理組合とのトラブルも絶えません。

そこで、マンション管理士やマンション管理コンサルタントから有益なアドバイスをもらうために費用を払って問題解決への糸口を探ることになります。管理組合の立場や視点を持てるマンション管理士やコンサルタントは、ときには管理組合の立場を代弁して管理会社に交渉もしてくれます。実力のあるマンション管理士やコンサルタントに恵まれればラッキーですが、なかには資格を持っていても実績が少なく、サポートにならないケースも少なくないといわれます。しかし理事会に何度か出席してもらえば、おおよそ実力もわかります。失敗をおそれずに、相性が合わなければどんどん別の管理士やコンサルタントに依頼するというビジネスライクに徹することで、頼もしいサポートも得られます。

マンション管理士について知りたい場合は

『一般社団法人 日本マンション管理士会連合会』
ホームページ
⇒ http://www.nikkanren.org/

16

建物診断はどこに任せるか？

専門集団に依頼してヒアリングからはじめよう

国土交通省の「長期修繕計画作成ガイドライン」によれば、「マンションの快適な居住環境を確保し、資産価値を維持するためには、適時適切な改修工事を行うことが必要です」と記されています。この適時適切な改修工事を行うには、建物・設備の現状を把握しなくては対処できません。その現状把握に必要なのが「建物診断」というわけです。健康診断で、腕のいい医者にみてもらうことが長寿の秘訣の1つになるのと同様に、建物診断の実績が豊富な建築士や組織を見つけることが重要になります。

この建物診断の見立てで、大規模修繕工事を成功に導くのが容易になります。しっかりと手抜きのない修繕工事を成功させるためには、第三者的な立場でチェックできる工事監理が重要でしょう。そのためには設計監理方式で大規模修繕工事を実施することを見据えておきます。それを踏まえたうえで建物診断をするのがベストです。費用はかかりますが、1社だけでなく複数社に建物診断を依頼して、セカンドオピニオンを受けて比較することからはじめましょう。

建物診断を行う際の問い合わせ先

マンションの「建物診断」は、いろいろなところで受けられます。下記に、「建物診断（劣化診断）」「耐震診断」などのサービスを実施している、または業者を紹介している団体とその連絡先をあげておきます。

□ 一般社団法人 東京都建築士事務所協会
〒160-0023 新宿区西新宿3-6-4 東照ビル5階
TEL 03-5339-8288（代表）
URL http://www.taaf.or.jp/

□ 特定非営利活動法人 日本住宅管理組合協議会(NPO日住協)
〒101-0041 東京都千代田区神田須田町1-20
東京都製麺協同組合ビル3階
TEL 03-5256-1241
URL http://www.mansion-kanrikumiai.or.jp/

□ 特定非営利活動法人 マンション管理支援協議会(略称:マンションNPO)
〒164-0012 東京都中野区本町5-48-7-106
TEL 03-5342-0378
URL http://www.mansion.mlcgi.com/

□ 公益財団法人 マンション管理センター
〒101-003 東京都千代田区一ツ橋2-5-5 岩波書店一ツ橋ビル7階
TEL 03-3222-1516（代表）
URL http://www.mankan.or.jp/
［大阪支部］
〒541-0042 大阪市中央区今橋2-3-21藤浪ビル3階
TEL 06-4706-7560

□ 一般社団法人 マンション管理業協会 マンション保全診断センター
〒105-0001 東京都港区虎ノ門1-13-3 虎ノ門東洋共同ビル2F
TEL 03-3500-2721（代表）
URL http://www.kanrikyo.or.jp/

□ 一般社団法人 マンション維持管理機構
〒460-0026 名古屋市中区伊勢山2-11-13 サイドビル5階B
TEL 052-322-0042
URL http://www.ccg-chubu.org/

□ 特定非営利活動法人 集合住宅維持管理機構
〒542-0081 大阪市中央区南船場1丁目13番27号 アイカビル4階
TEL 06-4708-7790
URL http://www.kikou.gr.jp/

---

17 マンションの保険をもっと知ろう①

共用部分の保険も見直しの時代。必要な補償を確認する

ここでいう保険は、管理組合が掛ける保険です。これも決算書などに盛り込まれている項目ですが、ほぼスルーされています。マンションの共用部分（建物の躯体、廊下や階段、エレベーターなど管理規約で定められています）を対象にした保険が、いわゆる「マンション総合保険」といわれるものです。基本は「火災保険」「施設賠償責任保険」ですが、幅広く補償してくれる特約をつけることで各マンションに必要十分の内容を盛り込めます。

しかし、マンション管理に無関心な場合、手厚すぎる保険の加入をすすめられ、ムダな掛け金を払っている場合が少なくありません。管理費はみんなが出し合ったお金ですから、まわりに反対されないように「安心、安全」のあるものならいいと勝手に妥協しがちです。その意識がムダを生みます。各社のマンションの保険商品を比較するだけでなく、代理店をどこにするかも見直しましょう。

個人の保険でも見直しが当たり前の時代です。必要十分の補償内容で、適正な保険料のマンションの保険選びのヒントを紹介します。

管理組合の保険を見直すヒント

個人の生命保険や自動車保険は見直しますが、マンションの共用部分に掛ける保険について見直す機会は多くありません。保険を見直す時代ですから、まず保険と代理店を見直すことからはじめましょう。必要な補償を厚くしておくのが基本になります。

保険代理店の選び方

▶ 専業の保険代理店であること

⇒ 管理会社が保険代理業をしている場合もありますが、フロントマンは保険の内容に明るいわけではなく、疑問に対してすぐ回答できないケースが多くあります。やはり、専業の代理店に任せたほうがスムーズです。

⇒ 優秀な専業代理店を探すなら、保険会社に問い合わせてみましょう。近隣の優秀な専業代理店の候補をあげてくれます。しっかりヒアリングをしましょう。

▶ 保険申請時の対応、処理が迅速

⇒ 専業代理店であれば、保険処理も迅速です。

保険と特約の選び方

▶ 管理組合が加入する保険は「火災保険」が基本

⇒ 地震保険は掛け金も高いため、よく検討をします。

▶ 掛け捨て型を選ぶ

⇒ 保険には積立型と掛け捨て型がありますが、今は金利が高い時代ではないので、掛け捨て型がおすすめです。

▶ 「施設賠償責任特約」への加入

⇒ マンション敷地内の設備や施設の管理等の不備が原因で他人にケガや経済的被害を与えた場合にカバーしてくれる保険なので、加入しておきましょう。

▶ 「個人賠償責任特約」への加入

⇒ この特約は、例えば2階から1階の部屋へ水漏れ事故を起こした場合、1階の被害者の補償とともに、水漏れさせた2階の住人にも被害の補償をしてくれるものです。管理組合でこの特約をつけておけば、万が一の場合両者の補償ができます。

18

マンションの保険をもっと知ろう②

専有部分と共用部分が明確にされていることが大切

マンションの保険は、共用部分を対象にした保険です。したがって、専有部分と共用部分の範囲が管理規約で明文化されていないと、万が一のときに補償されません。特に多い水漏れ事故については、給排水管の共用部分と範囲がしっかり明記されている必要があります。また、マンション標準管理規約では、共用部分の範囲として「上塗り基準」を採用しています。管理規約に明記していない場合もありますので、念のためデベロッパーに確認しておきましょう。上塗り基準とは、専有部分と共用部分の境目を「壁」「天井」「床」などの上塗り部分で、簡単にいえば部屋の内側を専有部分とするものです。もうひとつの「壁芯基準」は、壁や天井、床の中心線部分までを専有部分とします（93ページ参照）。

また、万が一事故などが発生したら、すみやかにその日時をメモし、写真などで状況を記録して保険代理店へ届けましょう。共用部分で原因がわからないちょっとした破損などであっても、補償される場合がありますので、まずは代理店に問い合わせてみることからはじめましょう。

マンションの保険はココをチェック

個人の保険と同じで、管理組合の保険証書の内容を確認しましょう。名義や保険対象範囲、必要な設備などが含まれているか、また特約についてはどうなっているか。下記にそのチェックポイントをあげておきます。

チェックポイント

□ 契約者名義

⇒ 必ず「管理組合理事長」であることを確認します。

□ 補償範囲

⇒ 構造、面積、設備等、補償範囲はどこまでかを確認します。

□ 特約について

⇒ 個人賠償責任特約は管理組合で一括して加入します。また、破損・汚損特約、水漏れ原因調査費用特約、施設賠償特約、臨時費用特約もできれば入っておくとよいでしょう。これ以外に不要な特約はないかも確認をします。

□ 保険のタイプ

⇒ 保険には掛け捨て型、積立運用型の2タイプがあります。新しい保険商品も出てきた場合の保険の掛け替え、代理店の変更などを考慮して、5年の掛け捨て型が望ましいでしょう。

マンション管理組合用火災保険を扱う保険会社と保険商品

・ 東京海上日動／新マンション総合保険
・ 三井住友海上／GK すまいの保険 マンション管理組合用
・ 損保ジャパン日本興亜／マンション総合保険
・ 富士火災／マンション管理安心保険
・ あいおいニッセイ同和損保／家庭総合保険 マンション管理組合用プラン

19

大規模修繕とは？

マンションをアップグレードする重要な工事

マンション購入ガイド本などで、必ずテーマにあげられる「大規模修繕」。そもそも丈夫なマンションに修繕が必要なのかと疑問を抱く人もいるでしょう。戸建てのように規模が小さければ屋根の雨漏り、外壁のひび割れ、門扉の塗装が剥げてサビが出ていることにすぐ気づきますし、また修繕も容易です。マンションは鉄筋コンクリート造りで頑丈だからこそ、老朽化がわかりにくかったり、不具合がわかっても修繕を簡単にできないこともあるのです。劣化が見分けにくいために専門家による「建物診断（劣化診断）」が必要で、その診断をもとに、修繕すべき箇所と優先すべき工事をピックアップして、修繕計画を立てるというわけです。

ただし、健康診断と同じで、何か不具合が見つかったときに適切に処置することが重要で、修繕を先延ばしにし、放置していては後々時間も費用も余計にかかることになってしまいます。適正なタイミングで必要な修繕工事を実施することが何より大切で、そうすることでマンションは約１００年も快適な住環境を提供してくれるのです。

大規模修繕工事までの流れ

新築分譲マンションはやがて老朽化していく運命です。分譲当初の快適な住環境を維持し、最新の設備に取り替えるなど、アップグレードするのが大規模修繕工事です。長期修繕計画に沿って、下記のような流れで工事実施へ向かいます。

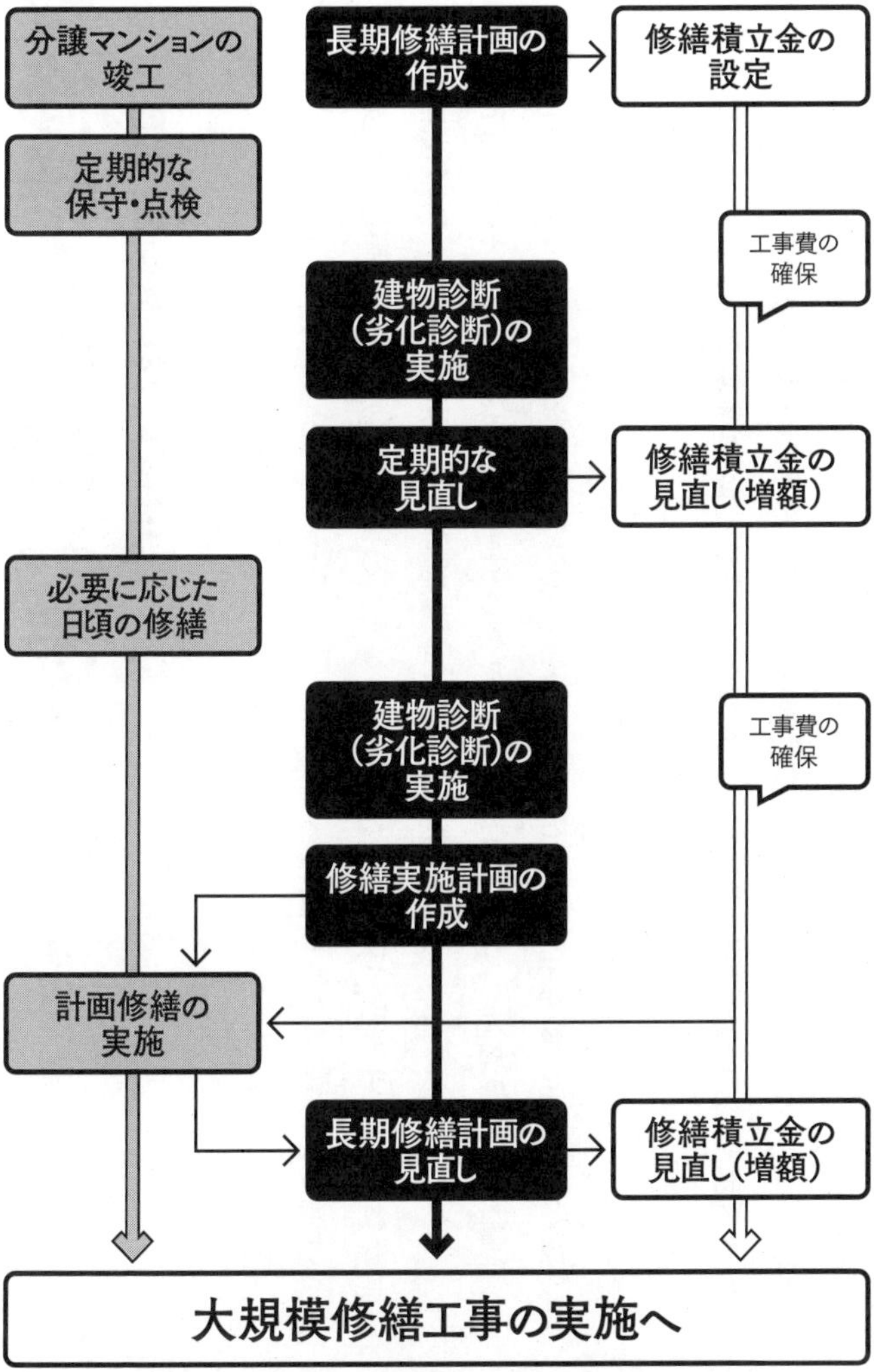

※東京都都市整備局『分譲マンション 長期修繕計画・計画修繕ガイドブック』より一部抜粋・改

20

大規模修繕の手順［第1期］準備段階

「修繕委員会」の設置からはじめよう

東京都都市整備局の『分譲マンション 長期修繕計画・計画修繕ガイドブック』によれば、修繕工事を実際にすすめるにあたって４つのポイント（①民主的かつ公平で公開された議論、②わかりやすい情報提供、③総会等の的確な実施、④理事会のリーダーシップ）をあげています。いずれも基本的なことで、特に情報のオープン化と共有化は管理組合にとって必要です。

ここでは、具体的に適切な大規模修繕工事のすすめかたを紹介しましょう。大規模修繕工事は、建物の規模や工事範囲で異なりますが、準備期間から工事完了までおよそ1年から2年かかります。そこで、大規模修繕の手順を４つの期間に分け、それぞれの期間でどんなことに取り組むのかを順にみていきます。

管理組合がはじめにすることは「修繕委員会」を設立すること。大規模修繕工事は短期間で終わらないため、工事準備期間から工事完成までの全体を把握する管理組合員の組織をつくりましょう。長期にわたって修繕工事に絞って検討する部会にするほうが理事会との連携もやりやすくなります。

大規模修繕［第１期］
準備段階

長期間にわたる大規模修繕工事を成功させるには、理事会の諮問機関として「修繕委員会」を組織し、固定メンバーでしっかりと工事計画をすすめることがキーポイントになります。

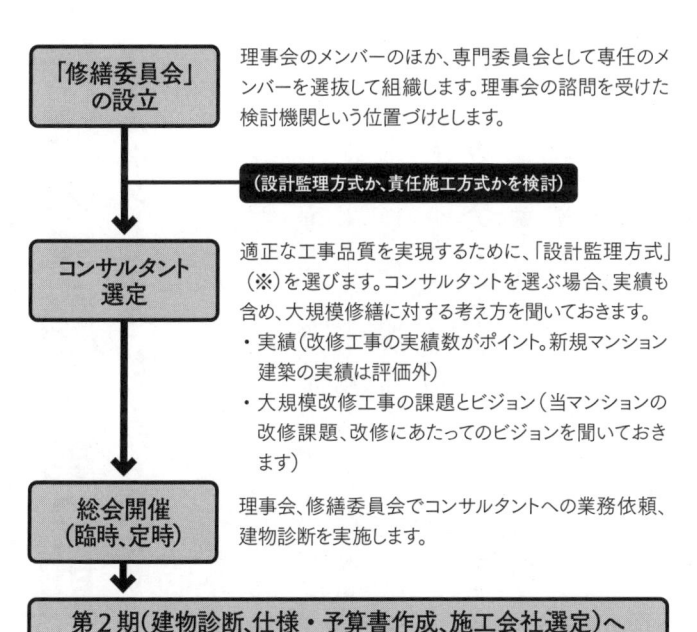

「修繕委員会」の設立

理事会のメンバーのほか、専門委員会として専任のメンバーを選抜して組織します。理事会の諮問を受けた検討機関という位置づけとします。

（設計監理方式か、責任施工方式かを検討）

↓

コンサルタント選定

適正な工事品質を実現するために、「設計監理方式」（※）を選びます。コンサルタントを選ぶ場合、実績も含め、大規模修繕に対する考え方を聞いておきます。

・実績（改修工事の実績数がポイント。新規マンション建築の実績は評価外）

・大規模改修工事の課題とビジョン（当マンションの改修課題、改修にあたってのビジョンを聞いておきます）

↓

総会開催（臨時、定時）

理事会、修繕委員会でコンサルタントへの業務依頼、建物診断を実施します。

↓

第２期（建物診断、仕様・予算書作成、施工会社選定）へ

※238～239ページ参照

※設計監理方式：工事の仕様と施工の監理をコンサルタントに依頼し、施工会社と別にする工事方法。ここでいう施工監理は、仕様書どおりに施工会社が工事をしているか、手抜きがないかを監督することを意味します。

※責任施工方式：管理組合が施工会社に、修繕工事の仕様書作成から施工、チェックまでを一括して任せる方式です。専門家の第三者のチェックがないために、手抜きや雑な工事をされてもわからないので管理組合としては不安です。

21

大規模修繕の手順［第2期］

設計監理のコンサルタントとしっかり打ち合わせよう

建物診断、仕様・予算書作成

設計監理を担当するコンサルタントが、「建物診断」から工事内容に関わる「仕様書」と「予算書」を作成します。仕様書は修繕工事をどのような品質に仕上げるかという計画書であり、また材料のグレードの選定、施工方法に関する指示、使用数量、回数などを算出するのが予算書にあたります。この仕様書と予算書を1セットにして、施工会社に見積り依頼をします。これは公共事業などでも同様に行われ、同じ工事内容、同じ品質、同じ仕上がりを求めるための共通のフォーマットに、入札企業が金額の内訳明細を記入するというものです。管理組合にとっては、工事品質が同じという前提で、単純な見積金額の比較ができるため施工会社を絞りやすくなります。また、設計監理のコンサルタントからすれば、専門家の立場で内訳項目の金額を1つずつ精査することで、いいかげんな金額を記入している施工会社を見抜くことにも役立ちます。こうしてまず、見積り金額の比較で施工会社を絞り込み、次にヒアリングで選定するのが第2期の最大の山場となります。

大規模修繕［第２期］
建物診断、仕様・予算書作成、施工会社選定

大規模修繕工事の実施に先立って、まずは健康診断にあたる建物診断を行います。費用はかかりますが、できればセカンドオピニオンをもらう意味でも、複数社に建物診断をしてもらいましょう。工事の優先箇所や範囲を比較できます。

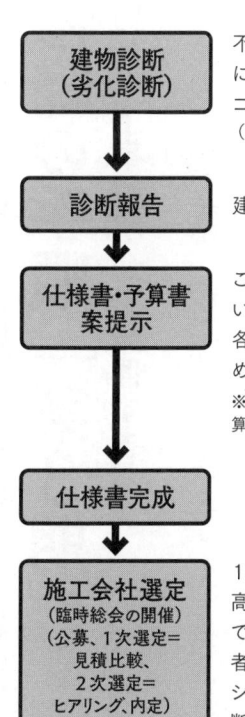

建物診断（劣化診断）

不具合に関する住民アンケート調査のほか、建物全体についての劣化を目視、触診、打診調査、ファイバースコープによる配管調査を実施します。
（※セカンドオピニオンとして、ほかにも建物診断を依頼）

↓

診断報告

建物診断の報告とセカンドオピニオンとの比較をします。

↓

仕様書・予算書案提示

ここで、管理組合がどう仕上げたいかの意思伝達を行います。例えば、廊下や階段の塗装の色を刷新したい、各戸のドアを取り替えたいなど、管理組合の要望をまとめて出して、仕様書に反映してもらいます。
※「仕様書」は工事の品質グレードや範囲を指定したもので、「予算書」は工事の範囲、数量から工事の予算を算出したもの。

↓

仕様書完成

↓

施工会社選定
（臨時総会の開催）
（公募、１次選定＝見積比較、２次選定＝ヒアリング、内定）

１次選定は見積り金額の比較で、極端に安い見積りと高額な見積りを除いて数社に絞ります。次に２次選定で具体的にヒアリングします。このとき、現場監督候補者にも出席してもらいます。また、過去に改修したマンションがあれば、そのマンションを見学するなどして、判断材料にするといいでしょう。

↓

第３期（工事準備期）へ

※240〜241ページ参照

22

大規模修繕の手順〔第3期〕

施工会社と契約し、工事説明会を開催する

工事準備期

第2期で実際の施工会社が内定すれば、あとは総会で承認を受けて契約します。そして、次に工事説明会を開いて、施工会社から工事期間中の状況、対処法などの説明を受けます。大規模修繕工事は、居住者が暮らしている状態の中でスムーズに実施させるために、工事に取りかかる前にさまざまな準備を整える必要があります。

例えば、ベランダの防水工事を実施するにあたって、エアコンの室外機が何台あるかを把握するとともに、それ以外に鉢植えや物置など工事の妨げになるものがあれば片づけてもらうこともしなければなりません。マンション全体で不要品や粗大ゴミの回収を実施することも考えていいでしょう。工事期間中は足場や工事シートで囲われて風通しも悪くなり、洗濯物を干すことができるのかも住人の気がかりな問題になります。工事関係者の出入りでオートロックの解除など、セキュリティーにも配慮が必要です。こうした課題について、全居住者に伝え、工事着工へスケジュールどおりすすめることが第3期にあたります。

大規模修繕 [第3期]
工事準備期

大規模修繕工事実施へ向けて山場を迎えるのが第3期にあたります。施工会社との具体的な契約のための臨時総会開催など、理事や役員もフル稼働します。工事説明会を開いて、工事中の対応など、細かい内容を居住者に説明します。

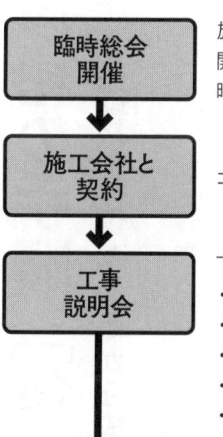

臨時総会開催

施工会社選定会(1次で見積比較、2次でヒアリング)を開いて、複数社を比較検討して内定を決めます。その後、臨時総会を開催して施工会社の決定・承認を受けます。

↓

施工会社と契約

コンサルタント立ち会いのもと、施工会社と契約します。

↓

工事説明会

下記の内容について、住人に対して説明を行います。

- 工期、工事内容の説明。
- 工期中の安全対策について(居住者向け)。
- 工事関係者の出入りについてのセキュリティー対策。
- 振動、臭気などの説明。
- バルコニー、ベランダの室外機の扱い・鉢植えや置物の撤去について。
- 洗濯日の告知(工事中に洗濯できる日を告知する)。

↓

第4期(工期とアフター点検)へ

※242〜243ページ参照

23

大規模修繕の手順［第4期］

工事とアフター点検

工事完成後も施工会社の点検があるから安心

工事説明会を終え着工すると、修繕工事はスケジュールに従って実施されます。工事期間中は多くの工事車両と工事関係者がマンションに出入りすることもあり、理事会では掲示板などで部外者が侵入しないように注意喚起を促します。工事によっては振動や騒音が大きくなることもあり、居住者からクレームがありますが、1つひとつ現場監督と修繕委員会、コンサルタントが情報を共有化しておくことも大切です。工事の進捗状況などは2週間ごとに工程会議で報告を受けますから、そのときに居住者からの新たな要望なども申し入れ、対処してもらうようにしましょう。こうして工事が無事完成すると、引き渡し前にコンサルタントとともに建物をチェックします。問題がなければ、保証やアフター点検の確認をして引き渡しを受けます。大規模修繕工事を終え、マンションが新築時以上の品質によみがった姿を目の当たりにすると、実に感慨深いものがあります。また、施工会社やコンサルタントの労をねぎらうために、管理組合が一席もうけて感謝の気持ちを表すこともよく行われます。

大規模修繕［第４期］
工事期間とアフター点検

工事説明会後、いよいよマンションのまわりに足場が組まれ工事がスタートします。工事中は、掲示板において、その日の工事予定、週間工事予定などを居住者へ知らせます。

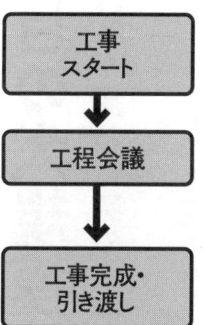

工事スタート
コンサルタントが現場を回り、工事監理をします。

↓

工程会議
（工事の進捗状況を管理組合に報告）

↓

工事完成・引き渡し
引き渡し前に全体を点検します。また引き渡しに際しては、関係書類をもらっておきましょう。
例）工事完了引き渡し書、保証書、使用材料リスト、下地補修およびその他施工図面、実施工程表および工事記録、記録写真、数量表のほか、アフター点検の実施予定など。

※引き渡し後、施工会社やコンサルタントを招いて慰労会を開くこともあります。

24

第2回目の大規模修繕に向けて

工事内容も大きく変わる次の工事に備えよう

マンションは、おおよそ12年ごとに大規模修繕工事を実施するのが最近の流れです。第1回目が築12年後だとすれば、第2回目は築24年前後を想定することになります。ちなみに第3回目はさらに12年後の築後36年目頃、第4回目の工事は築後48年目頃になり、古いマンションでも築60年間は適切なタイミングで修繕をしていけば耐久性を維持できます。ただし、耐震性はまた別問題です。

マンションの改修工事で多くの実績をもつ東京都の特定非営利活動法人「マンション管理支援協議会」（通称：マンションNPO）の一級建築士、羽鳥修氏は「比較的新しいマンションは、設備関係まできちんと改修工事をやれば70年から80年は十分にもちます。そのためには適正な時期に適正な改修を行うことがポイントなのです。第2回目、第3回目の大規模修繕は、基本改修に加え、メールボックスや物干し金物、サッシ交換など雑金物と呼ばれるものまでカバーします」と語ります。使い勝手をアップグレードできる、これも大規模修繕工事の大きなメリットなのです。ただし、そのためには修繕積立金をしっかり積み立てることが必要です。

修繕工事の主な内容

マンションの建築された年代によって建築材料の品質・性能も違うため、マンションごとの建物診断と修繕計画を立てる必要があります。給排水管関連の工事は、各マンションでの部材の耐久性に合わせて実施するため、第2回目もしくは第3回目にするケースがあります。

大規模修繕工事

第1回目

⇒ 外壁補修、防水（屋根、バルコニー）、目地防水補修、鉄部塗装など基本改修工事。

第2回目

⇒ 基本改修工事＋雑金物交換など（メールボックス、物干し金物等）、設備改修。

第3回目

⇒ 基本改修工事＋サッシ、玄関ドア、エントランス更新、給排水管工事、設備改修。

第4回目

⇒ 基本改修工事＋外回り工事等（3回目までにできなかった工事など）、設備改修。

25

建替えからリノベーションを探る時代へ

マンションごとリノベーションすることもできる

分譲マンションが寿命１００年を見据えた造りになってきたのは喜ばしいことですが、新しい建築部材や技術の進化もあり、いつ建築されたかによって耐久性も大きく異なります。また間取りについても各時代のニーズに合わせているために、時代が変わると使い勝手のよくないものになっていたりします。最近は、間取りまで変更するリノベーションが広まり、中古マンション市場も活況をみせています。

さらにデベロッパーが、中古マンション1棟ごとリノベーションして販売するという画期的な展開もはじまっています。築後30年、40年のマンションは今後急激に増えていくわけですが、古いマンションのすべてを建て替えるのは容易なことではありません。容積率の余裕のないマンションも多いため、今後は耐震性能をアップし、間取りをフレキシブルに変更する全体のリノベーションで、モダンな新生マンションにする方法に注目が集まるでしょう。古いマンションの価値が急上昇し、いわゆる偏差値の高いマンションになるというわけです。

マンション建替えの状況について

マンションの老朽化で建替えが増えていますが、管理組合の合意形成ができずに実現までに時間がかかる場合がほとんどです。また、資金調達の問題、建替えのための容積率の問題もあり、いまの建物をどう長く活用するかも検討する時代になっています。

マンション建替えの実施状況

（平成26年4月1日現在）

- 実施準備中（建替決議等）
- 実施中（マンション建替法の建替え）
- 実施中（マンション建替法によらない建替え）
- 工事完了済（マンション建替法の建替え）
- 工事完了済（マンション建替法によらない建替え）

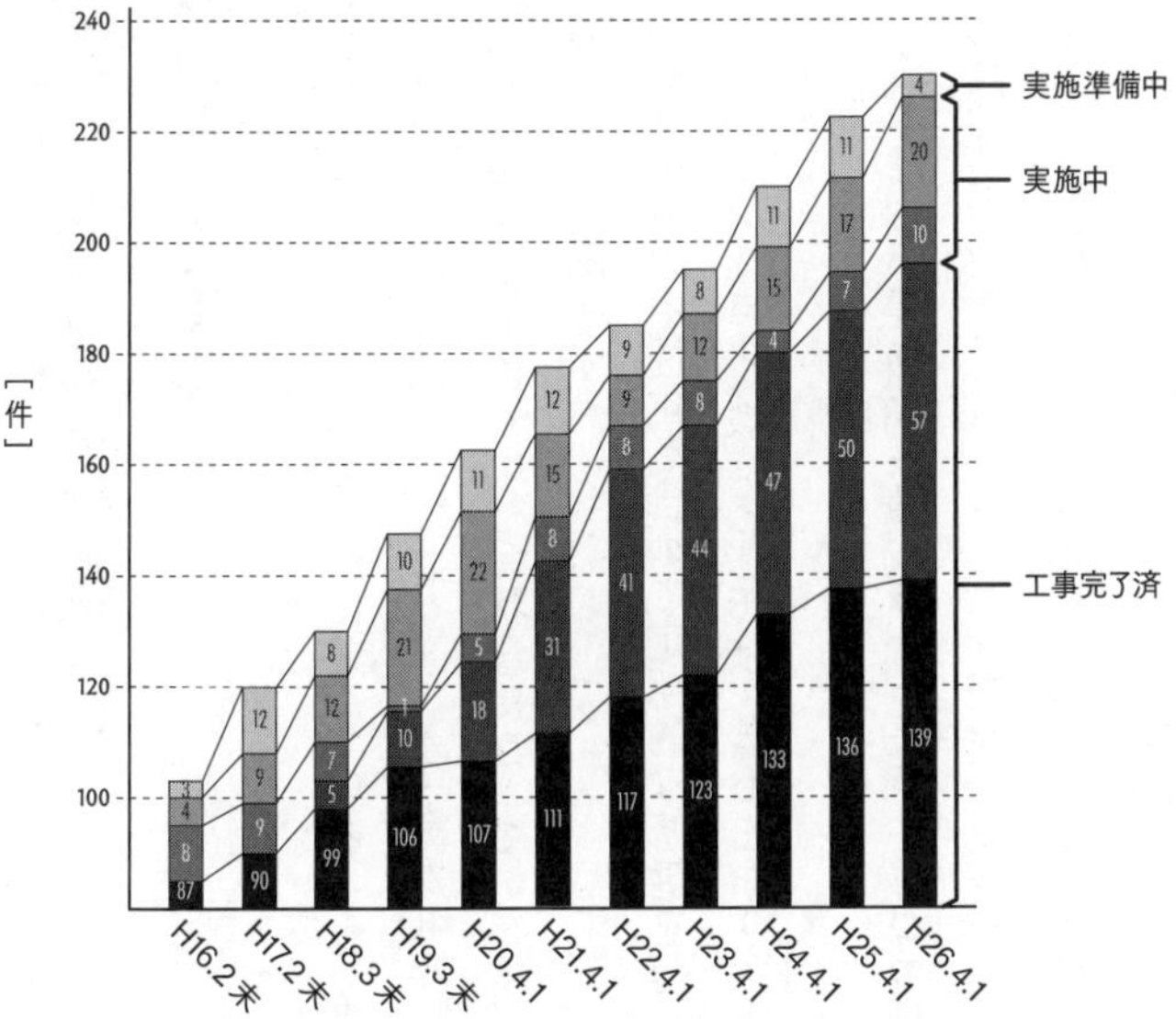

※国土交通省調査による建替え実績及び地方公共団体に対する建替えの相談等の件数を集計。
※阪神・淡路大震災による被災マンションの建替え（計109件）は、マンション建替法による建替え（1件）を除き含まない。
※過年度の実績は今回の調査により新たに判明した件数も含む。

※国土交通省　「マンション建替えの実施状況」より

26

１００年マンションにするために

将来も安心で快適に住めるマンションに育てる

ヨーロッパのように３００年や４００年の歴史をもつ建物が街の至る所に並んでいることを考えると、日本の住まいは今も昔もスクラップアンドビルド志向です。しかし昨今、築年数が40年、50年を経たマンションが増える一方で、人口減少もあり、建て替えにくい社会状況になっています。そのため１００年住めるマンションを目指す流れになっているのです。

前出のマンションＮＰＯの羽鳥修氏は、「コンクリートの中性化を含めて定期的な修繕を行うこと。専有部分も含めたライフラインを整備することで、マンションは70〜80年は十分もちます」と、マンションの長寿化へのヒントを語ります。

建物は１００年の耐久性を持っていますが、日本は古い建物を修繕しながら長く住みつづけるという文化がなく、あっても根づいていません。共同住宅におけるコミュニティ形成やマンション管理の意識を向上させていくことも重要でしょう。そうなれば、マンションは本当の意味で終の棲家にすることもできそうです。

巻末付録❶
防犯カメラの運用ポイントと運用ルールモデル

セキュリティーのニーズの高まりから、マンションでは防犯カメラの新規設置・増設が図られています。しかし防犯カメラを導入しても特に運用ルールを定めていない場合が多くあります。カメラ映像や画像による記録は、個人情報保護法などの問題も含まれますので、最初に管理組合で基本ルールを定めておきましょう。ここでは、大阪府堺市発行の『防犯カメラの運用等に関するガイドライン』を参考に、マンション用にアレンジして運用ルール作成のポイントを解説します。

【防犯カメラシステム導入と設置ポイント】

＊カメラの台数と設置場所について

・カメラは画質のよいデジタルで、ケーブル1本で電源供給までできるものを選びましょう。電源ケーブルが別に必要なものは、設置スペース、美観の問題でよくありません。

・設置場所は、エントランス、集合郵便ポスト、エレベーター扉前、共用扉付近、駐車場、駐輪場、ゴミ置き場、廊下、非常階段など優先順位を決めて設置します。プライバシーを配慮したカメラ画像構図にすることも忘れずに。

＊画像記録装置の設置と設定場所

管理員室にモニター、画像記録装置（ハードディスク等）を設置。勝手に設定を変更できないようにロックをかけ、パスワードなどの設定をしておきましょう。

記録容量によって、記録できる画質と枚数・時間が決まります。容量を超えると、上書きで記録するタイプが多いのですが、容量一杯で記録が止まらな

巻末付録

いかを確認しましょう。また、記録した画像保存期間が1カ月になるように設定します（人物特定ができないような不鮮明な画質で、画像保存期間を長くしても意味がありません。保存期間を延ばすにしても3カ月を目安に考えましょう）。

＊保守メンテナンスも重要ポイント

防犯カメラシステムを導入した後の保守メンテナンスを決めておきましょう。管理組合で実施する場合は、理事会開催時に理事で作動を確認（モニター画像確認でカメラの稼働、撮影角度などに変化がないか、記録装置の稼働など）します。防犯カメラ、画像記録装置に不具合が見つかり次第交換しましょう。導入機器によって耐用年数が異なりますので、「必要に応じて取り替える」と決めてもよいでしょう。

また、業者に保守点検を依頼している場合は、保守契約内容と料金を確認しておきます。

＊防犯カメラ設置の表示を必ずしましょう。

【防犯カメラ運用ルール】

管理組合で防犯カメラの運用ルールを明文化しておきましょう。次のポイントについて、各マンションでルールを作成しましょう。

❶管理責任者・操作担当者の指定

↓理事長を責任者とします。なお、操作担当者は必ず2名以上で理事立ち会いを前提としましょう。

❷設置運用規定（ルール）

↓防犯カメラの導入趣旨、機器設置位置・台数、撮影記録範囲、管理責任者（管理組合理事長）、記録画像の操作・視聴についての運用・視聴制限など適正な管理運営のための規定。

❸管理上必要な記録の書式の準備

↓画像管理上、①所定の保存期間を超えて画像を保存する場合の記録、②画像を提供した場合の記録、③ほかの記録媒体へ画像を複製・移動または送信した場合の記録の3つについて、フォーマットを決めた記録ノート等に記入して保管しておきましょう。

○○マンション 防犯カメラ設置運用規定

（○○管理組合）

❶趣旨

・○○マンションは居住者のためのセキュリティー確保・強化のために防犯カメラシステムを導入・設置し、運用することにする。またプライバシーの保護や個人情報の適正なる取扱いに十分留意するため、この運用規定を定める。

❷設置場所・撮影（カメラの台数、角度向きなど）

・防犯カメラの撮影範囲は、設置・運用目的を実現するために必要最小限とし、撮影画像が外部に漏れないように配置・配線の保護を行う。

・防犯カメラが作動しているエリアには、その表示をする。

❸管理責任者の指定

・防犯カメラの適正な管理・運用を行うための責任者は、管理組合理事長とする。

・操作・運用にあたって、管理責任者はこの規定を遵守し、適正な管理・運用に努めなければならない。

・管理責任者等は、防犯カメラの画像と画像から知り得た情報をむやみに人に漏らしてはならない。また、犯罪・事故など警察から画像の提供要請があった場合は、理事会の判断・確認のもとに提供する。

❹機器の操作・視聴の制限

・操作および視聴は原則として管理責任者または複数の理事の立ち会いのもと操作担当者が行い、視聴に関しても理事会の了解を得なければならない。

❺画像の管理

・保管場所は、管理員室とする。画像記録装置と記録媒体、モニターの機器類の持ち出しは原則厳禁とする。また、画像記録は撮影されたまま保存し、加工したものは保存しない。

・画像を複製、データ移動または送信するにあたっては「画像提供の制限」の項目で定める規定に基づいて判断する。

・機器の保守点検を行う場合は、画像記録データ等の不慮の消失を避けるために、管理責任者の了承を得なければならない。

❻保存期間

・原則1カ月とする。ただし、設置・運用目的に照らして、必要最小限の範囲でこれを延長できる。

❼画像の消去

・保存期間が過ぎた画像記録は、上書き等の方法により確実に消去する。記録媒体を廃棄する場合は、画像の読み取りや復元ができない状態にして、そのことを文書に記録する。

❽画像提供の制限

・防犯カメラで撮影された画像は、原則として第三者に提供してはならない。例外として、次の場合は理事会で確認したうえで、設置・運用目的に照らして必要性を慎重に判断する。

(1)法令に基づく場合。

(2) 捜査機関から犯罪や事故の捜査の目的で提供の要請を受けた場合。

(3)個人の生命や身体、財産の安全を守るため、緊急かつやむを得ない場合。

(4) 居住者等からの画像記録の視聴要請があった場合は、目的・理由等を理事会において、設置目的と照らし合わせ、慎重に判断する。視聴を許可する場合は、理事（管理責任者を含む）を含む複数人で視聴するものとする。

(5) 設置目的に照らして必要と考えられる場合。

❾防犯カメラの保守点検

・管理組合で防犯カメラを定期的に点検し、必要に応じて交換する。また点検メンテナンスのために専門業者に管理委託している場合も同様とする。

(※大阪府堺市発行の『防犯カメラの運用等に関するガイドライン』を参考に一部アレンジして引用)

巻末付録❷
マンション標準管理委託契約書の見直しポイント

管理会社とのトラブル回避のために管理委託契約書をぜひ見直しましょう。国土交通省の「マンション標準管理委託契約書」（以下、契約書）に準じている場合でも、管理会社に依存しすぎず、財産管理のリスク軽減をはかるためにも、次の点を確認してください。

❶国土交通省の「マンション標準管理委託契約書」に準じていること

マンション標準管理委託契約書に準じたものを使用します。契約書は国土交通省のホームページからＰＤＦファイルでダウンロードできます。

❷「管理組合」名義の口座に直接管理費・修繕積立金を預入する

契約書に準じている場合でも、管理費、修繕積立金の収納、および管理委託費支払いについて確認します。２００９年に改訂された契約書の概要では「財産分別管理（マンションの管理の適正化の推進に関する法律施行規則第87条第2項関係）」で3つの方法（イ、ロ、ハ）を示していますが、この中では旧来の「原則方式」にあたる「ハ」の方法を選びましょう。

透明性、安全性を考えても「管理組合」名義の口座に直接管理費・修繕積立金を預入するのがベストです。

万が一、管理会社の口座にいったん収納し、管理委託料を差し引いて、残りを管理組合の口座に移し換えているなら、直ちにやめ、原則方式にしましょう。

❸管理委託費用は後払いにする

毎月の管理委託業務が実施されていることを管理組合が確認したのち、「管理組合」名義の口座から管理委託料を支払うようにします。前払いの義務はありません。

今月の管理員は契約どおりに勤務したか、定期清掃はきちんと行われたか、消防点検の実施は法定どおりに行われたかなど、委託業務遂行を確認したうえで支払うようにしましょう。そうすることで、管理内容・達成度へ関心を抱くようになり、管理会社と管理組合の双方でよりよいマンション管理を目指す意識も高まります。

管理費・修繕積立金の収納・支払いの原則モデル

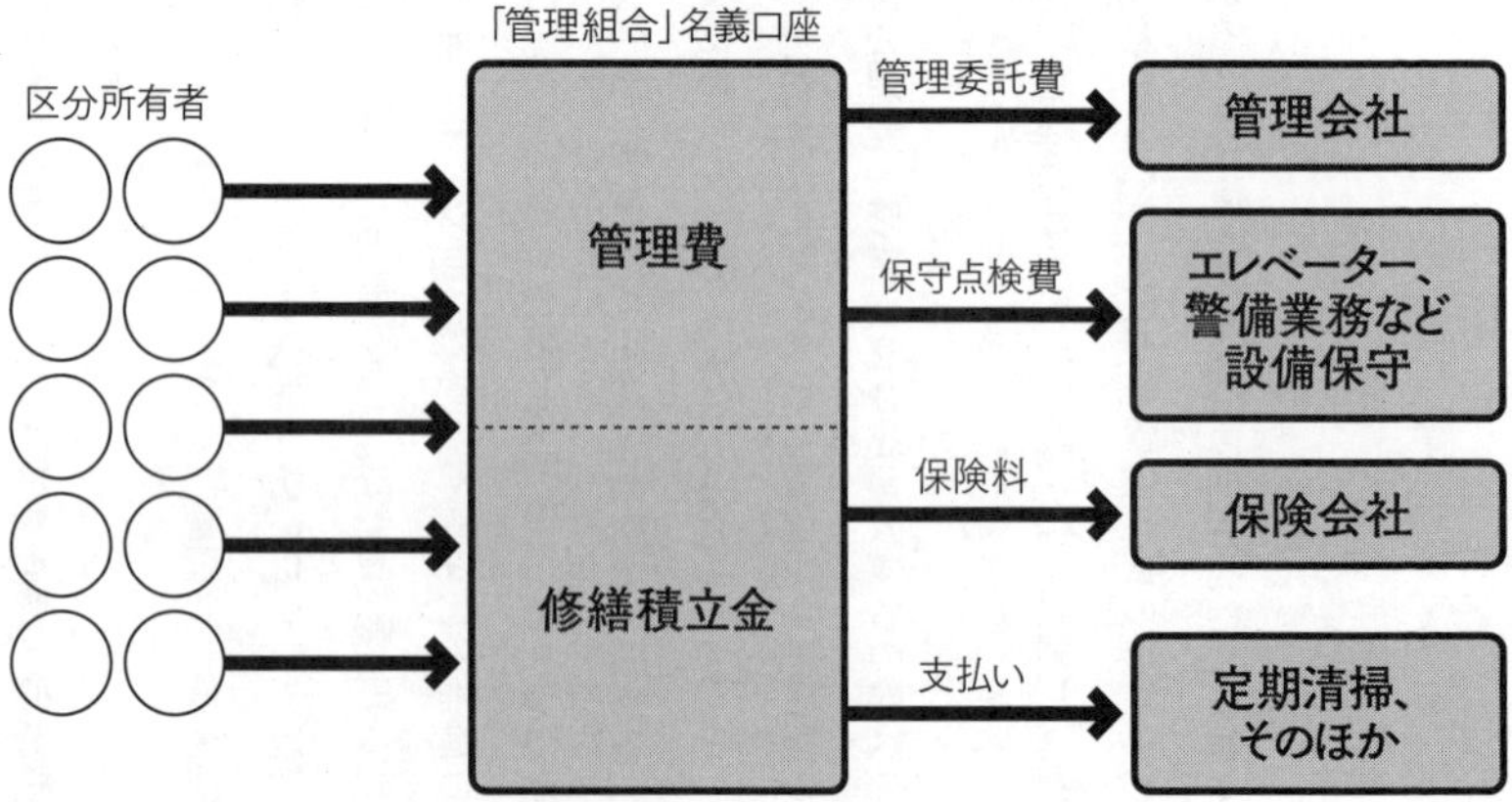

巻末付録❸

マンション標準管理規約の見直しポイント

管理規約はマンションの憲法にあたるものですが、それぞれのマンションの実情に合わせるのがベストです。管理規約に縛られすぎては快適な住環境を維持できません。

国土交通省の「マンション標準管理規約」を基盤にしてアレンジします。

❶理事や役員の任期を複数年にして、半数改選にする。

再任までには間隔を2年あけて、連続させないこととします。

❷理事や役員以外に、理事経験者等による「オンブズマン委員会」を組織して理事会のサポートをするようにする。

❸大規模修繕工事の実施を普通決議でできるようにする。

工事は第三者機関の設計工事監理方式を前提とします。

❹理事会で訴訟を起こせることにする。

問題解決を早めるために、理事会で訴訟（管理費滞納回収など）できるようにします。

❺理事・監事の就任条件を広げる。

改正標準管理規約では、理事・監事は居住者に限らないとされました。管理組合の利益を損ねずに適正で快適な住環境を維持できる管理を推進してくれる人材であれば、外部の者であっても役員の一部を任せることを検討してもいいかもしれません。

（2015年8月現在）

福崎《ふくさき》 剛《ごう》

1960年鹿児島県生まれ。長崎大学卒。フリーライター、フリージャーナリスト。
ヨーロッパアルプス登攀はじめ、
メドックマラソン4年連続完走など、
スポーツをはじめ、食文化にも造詣が深く、
『週刊文春』『月刊文藝春秋』『山と渓谷』『ワイン王国』等、幅広い媒体で執筆。
ＴＶ構成作家としても活躍し、食の情報番組も担当。
2003年には「コマンドリー・ド・ボルドー」ワイン騎士団の騎士号を受章。
ロンドンに本部のあるWine & Spirit Education Trustの国際的資格、
Higher Certificateも取得している。
著書に『マンションは偏差値で選べ！』（河出書房新社）、
岩館博人のペンネームで『食品表示・賞味期限のウラ側』（ぱる出版）などがある。

新築・中古　本当にいいマンションの選び方

2015年9月7日　初版発行

著　者　福崎　剛
発行者　中野孝仁
発行所　㈱住宅新報社

出版・企画グループ（本　社）　〒105-0001 東京都港区虎ノ門3-11-15（SVAX TTビル）
☎（03）6403-7806
販売促進グループ　〒105-0001 東京都港区虎ノ門3-11-15（SVAX TTビル）
☎（03）6403-7805

大阪支社　〒541-0046　大阪市中央区平野町1-8-13（平野町八千代ビル）　☎(06)6202-8541㈹

＊印刷・製本／亜細亜印刷
落丁本・乱丁本はお取り替えいたします。

Printed in Japan
ISBN978-4-7892-3737-6 C2030